PARIS, IMPRIMERIE DE COSSON,
RUE SAINT-GERMAIN-DES-PRÉS, N° 9.

DE LA SITUATION

DU CLERGÉ,

DE LA MAGISTRATURE,

ET DU MINISTÈRE,

A L'OUVERTURE DE LA SESSION DE 1827,

ET

DU MOYEN DE CONSOLIDER EN FRANCE LE GOUVERNEMENT
CONSTITUTIONNEL.

PAR M. COTTU,

CONSEILLER A LA COUR ROYALE DE PARIS, CHEVALIER DE LA
LÉGION D'HONNEUR.

PARIS,

MAME ET DELAUNAY-VALLÉE, LIBRAIRES,
RUE GUÉNÉGAUD, N° 25.

1826.

CHAPITRE PREMIER.

COMMENT LE CLERGÉ EST ARRIVÉ AU POUVOIR.

Jamais plus sinistres paroles n'ont été portées aux oreilles d'un prince, que celles qui se sont élevées pendant la dernière session, du sein même de la Chambre des députés. S'il faut en croire les orateurs qui ont signalé au Roi les dangers de l'État, la France est à la veille du plus affreux bouleversement. Le repos dont elle jouit n'est qu'un calme trompeur, et sa prospérité apparente cache une misère réelle. La

1*

société est envahie par un nouveau pouvoir qui la remplit d'épouvante, et qui, se jetant avec audace à travers la route brillante où l'entraînent les sciences, les arts et la liberté, s'efforce de la faire rétrograder vers les siècles sanglans de l'ignorance et de la barbarie. Les citoyens ont perdu toute confiance dans les promesses de la restauration ; ils se croient menacés dans leurs droits et dans la libre profession de leur culte particulier. D'une part, une profonde indifférence, un dédain mortel pour toutes les formes de gouvernement, s'est emparé des cœurs les plus dévoués ; de l'autre, un nouvel esprit de haine et de proscription s'est ranimé contre toutes les supériorités sociales. Enfin, au milieu de ce dégoût général du présent, et de cette disposition des peuples à tout recevoir de l'avenir, la révolution, toujours vivante, toujours agissante, toujours conspirant, toujours épiant le moment favorable, se prépare à relever sa bannière, et déjà ses cris de joie ont trahi ses prochaines espérances.

Cet effrayant tableau de la situation de

la France serait-il donc conforme à la vérité ? Eh quoi ! lorsque, de toutes parts, nos villes rejettent loin d'elles leurs vieux et grossiers ornemens pour revêtir l'élégance des villes de l'ancienne Grèce ; lorsque les arts et l'industrie nous créent chaque jour de nouvelles jouissances ; lorsque l'aisance et même le luxe, franchissant leurs anciennes barrières, descendent jusqu'aux dernières classes de la société ; lorsqu'un nouveau monde enfin s'ouvre devant nous, brillant de génie, de paix et de liberté, serions-nous en effet sur le bord d'un abîme ?

Expliquons-nous : si les révolutions n'avaient jamais pour cause que la misère des peuples, la violence des grands, la corruption des juges et la tyrannie des divers agens du gouvernement, jamais pays ne serait plus assuré que la France, d'une longue tranquillité. Mais si les révolutions prennent le plus souvent leur source dans le mécontentement que font naître parmi les peuples des déclarations de principes politiques en opposition directe avec leurs mœurs, leurs besoins et leurs sentimens ;

alors, il faut le reconnaître, la situation de la France est vraiment périlleuse, et faite pour exciter les plus vives alarmes.

Pour l'apprécier avec exactitude, remontons à l'époque de la restauration. Sans doute les Bourbons n'ont pas manqué alors de lâches courtisans qui se sont efforcés de leur peindre ce grand événement sous les couleurs les plus flatteuses; et qui le leur ont présenté comme le résultat nécessaire de l'amour inaltérable que les Français portaient à leur race. La vérité est cependant qu'il ne faut l'attribuer ni à la haine de l'usurpation, ni aux doux souvenirs de Henri IV et de ses descendans; mais uniquement à l'espérance que la nation avait conçue, au milieu de ses désastres, d'obtenir de la bonté de ses anciens princes les institutions auxquelles, depuis près de trente ans, elle n'avait cessé d'attacher son bonheur.

Louis XVIII sut démêler cette secrète pensée à travers les transports qui l'accueillirent à son retour; et trop habile pour négliger une occasion aussi favorable de reconquérir à sa maison cette popularité si

expansive dont elle était autrefois l'objet,
il s'empressa de combler les vœux de ses
sujets, en leur donnant un mode de gouvernement *conforme à leurs véritables besoins;* mais, emporté lui-même par la rapidité des événemens extraordinaires qui
se pressaient autour de lui, il négligea de
créer à la royauté de nouveaux points
d'appui à la place de ceux qu'il venait de
lui enlever par les changemens apportés
dans l'ancienne constitution du royaume.

En effet, par suite de ces changemens,
la couronne se trouvait dépouillée du droit
qu'elle avait graduellement usurpé de disposer à son gré de la fortune publique; de
changer ou d'abroger les lois existantes;
d'en établir de nouvelles; de prévenir ou
de briser toutes les résistances par l'exil
ou par la prison; et d'imposer enfin à tous
ses sujets le joug d'une croyance religieuse
qui, détournée de son véritable objet, se
constitue partout l'auxiliaire du pouvoir
absolu, et place l'obéissance passive au
rang de ses plus saints préceptes.

Loin de là, les institutions nouvelles
séparaient désormais le trésor de l'Etat de

celui du prince ; soumettaient à un examen rigoureux les actes du gouvernement, les lois , les impôts , les traités ; et affaiblissaient l'influence du clergé par le spectacle d'un culte plus simple , uniquement consacré aux rapports de l'homme envers Dieu , et tout-à-fait étranger aux intérêts politiques.

Dans cette situation , il fallait donc assurer à la couronne d'autres moyens de gouvernement.

Celui qui aurait dû s'offrir le plus naturellement à la sagesse de l'auteur de la Charte, en ce qu'il dérivait des principes mêmes du nouveau gouvernement, c'était de créer un appui à la royauté , dans les deux chambres législatives ; et d'établir pour ces chambres un mode de composition calculé de manière qu'elles ne pussent manquer d'être toujours dévouées au gouvernement monarchique, et au maintien de la couronne dans la maison régnante.

Cet appui des chambres était d'autant plus nécessaire qu'il ne pouvait échapper à la sagacité de Louis XVIII, que, par l'ef-

fet infaillible de son nouveau système politique , la souveraineté allait passer entre
les mains des chambres ; car, ou la souveraineté n'est qu'un vain mot, ou elle réside uniquement dans le pouvoir de faire
la loi ; et ce pouvoir, non-seulement le Roi
avait consenti à le partager à l'avenir avec
les chambres, mais il était encore évident
qu'il lui serait bientôt impossible de les
empêcher de s'en emparer entièrement.

La royauté avait en outre perdu , aux
yeux du peuple, ses prestiges les plus puissans ; ce n'était plus cette pierre angulaire
de l'état social , descendue du ciel pour la
paix et le bonheur des hommes , et dont
l'éclat éblouissant subjuguait toutes les
imaginations. Le prince dépouillé de son
auréole, était redevenu homme, et comme
tel , sujet à toutes les erreurs. La verge du
Dieu vivant n'était plus entre ses mains ,
et dans les malheurs publics , les peuples
désabusés ne voyaient plus la colère du
ciel , mais les fautes personnelles du
prince.

Il était donc d'une haute importance
pour la royauté, ainsi destituée de ses an-

ciens appuis, de n'avoir jamais aucune lutte à soutenir contre des assemblées que le peuple allait s'habituer chaque jour davantage à considérer comme le soutien de ses droits ; et d'établir un système par suite duquel ces assemblées fussent toujours composées dans l'intérêt du trône.

C'est par ces principes que Bonaparte s'était guidé pour garantir sa couronne de toute révolution intérieure.

Obligé par la force de l'opinion publique de reconnaître à la nation les mêmes priviléges qui lui furent depuis assurés par les Bourbons ; et sentant bien qu'il viendrait un temps, soit pour lui, soit pour ses descendans, où les deux chambres législatives réussiraient à s'affranchir de leur inaction, il mit tout ses soins à les attacher, par les liens les plus forts, aux intérêts de sa dynastie.

Il commença par former un sénat entièrement composé de ses créatures, et ce fut ensuite ce sénat même qu'il chargea de nommer les membres du Corps-Législatif.

C'est encore par l'effet du même principe que le trône d'Angleterre voit se briser à ses pieds tous les orages successivement soulevés contre lui par les partisans de la réforme ; soutenu par les intérêts particuliers des membres du parlement, il n'a point à craindre un danger dans lequel ils seraient entraînés avec lui.

Mais en est-il ainsi du trône des Bourbons ; et sa défense est-elle confiée à des mains aussi sûres, c'est-à-dire, dans ces temps d'égoïsme et de calcul, à des intérêts aussi positifs?

A côté d'institutions démocratiques, qui ouvrent à l'examen et à la censure la carrière la plus vaste, les Bourbons ont rétabli les institutions aristocratiques les plus fortement repoussées par les nouvelles mœurs ! ils ont rétabli une cour fastueuse dont la pompe, au lieu d'éblouir, importune un peuple devenu économe parce qu'il est devenu calculateur; ils ont rétabli une noblesse qui s'est toujours tenue séparée du reste de la nation par l'origine hostile qu'elle s'attribue, et dont les mépris et les prétentions ne sont compensés, aux yeux du peuple, par aucun zèle pour ses intérêts, ni par aucun soin de ses souffrances ! ils ont créé une Chambre des Pairs dont les priviléges, inconnus jusqu'ici dans notre histoire, irritent toutes les autres classes de la société ; ils ont enfin rendu à la religion romaine une influence politique qui doit nécessairement alarmer les partisans sincères de la liberté ; et, au lieu de confier le maintien de ces institutions et de ces priviléges contre lesquels tant de haines conspirent en secret, à un corps de riches propriétaires personnellement intéressés à les défendre, ils en ont commis la garde à de simples citoyens, étrangers aux avantages qu'ils procurent, et destinés uniquement à en supporter les charges ! A-t-on jamais poussé l'imprudence plus loin ? A-t-on jamais montré un pareil oubli de l'avenir ?

On s'étonne où les Bourbons ont pu puiser cette étrange confiance ! Se sont-ils persuadés que la prospérité publique qui devait résulter de l'ensemble du nouvel ordre de choses, suffirait pour leur procurer un appui dans l'amour et la reconnaissance des peuples ? ils seraient tombés

dans une bien grande erreur. Quelque par-
fait que puisse être un mode de gouvernement , il n'éteint pas dans le peuple l'espérance d'en trouver un meilleur ; et , si ce
gouvernement consacre des priviléges , l'espérance du moins de s'en affranchir. Le
peuple est toujours disposé à prêter l'oreille
aux novateurs , et à se précipiter dans le
hasard des révolutions.

Il n'y a que les riches propriétaires , et
les citoyens jouissant de priviléges particuliers , sur lesquels le gouvernement puisse
compter avec certitude au moment du
danger. Eux seuls , recueillant dans le gouvernement établi des avantages person-
nels , le trouvent préférable à tout autre , et
le défendent comme leur propre bien : tout
le reste de la nation le voit attaquer sans
inquiétude , et renverser sans regret.

C'était donc une énorme faute d'asseoir
l'autorité royale sur le dévouement des
petits propriétaires. Le sort à jamais déplorable du bon et vertueux Louis XVI aurait dû servir de leçon. Quels que fussent
les défauts de la constitution de 1791 ,
peut être se fût-elle traînée jusqu'au mo-

ment où les esprits , devenus plus calmes , auraient permis d'y faire les modifications indispensables , si le système électoral qu'elle avait établi eût été calculé de manière à produire une assemblée essentiellement attachée à la royauté. Mais quel genre de dévouement pouvait-elle attendre d'une classe de citoyens payant une contribution évaluée trois journées de travail? Quel motif pouvait leur faire préférer le gouvernement monarchique à tout autre ? Croit-on que la royauté soit de nature à éblouir chacun par son éclat ; et que son excellence soit telle qu'il faille être absurde ou de mauvaise foi pour ne pas la sentir ou la reconnaître ?

Aussi, dès les premières élections, le malheureux Louis XVI put-il s'apercevoir sur quelles bases fragiles reposait son autorité. En tous lieux, on nomma des républicains; et quelques mois après l'établissement de la constitution , le trône et le prince lui-même tombèrent confondus dans une même ruine.

Les mêmes causes ne pouvaient manquer

de produire les mêmes résultats ; et quoique le système électoral établi par la Charte ne remît pas aussi complètement le pouvoir législatif entre les mains du peuple, que celui qu'avait établi la constitution de 1791 ; il portait cependant en lui les mêmes germes de destruction ; et ces germes se développèrent bientôt avec tant de rapidité, que les Bourbons sentirent qu'ils n'avaient pas un moment à perdre pour sauver leur couronne ; et ils durent s'estimer heureux que la paix de l'Europe, l'abondance des récoltes, et la prospérité du commerce leur en facilitassent les moyens.

Ils durent surtout remercier la Providence que, dans ce moment critique, il se soit trouvé un homme d'une éloquence entraînante, d'un courage indomptable, et d'une probité imposante ; qui, profondément pénétré des dangers de la monarchie, n'ait pas craint d'en indiquer la cause dans les doctrines qu'il avait lui-même professées. Affrontant à la fois et le ressentiment de ses anciens amis, et la fausse honte de proclamer ses propres erreurs, il osa

attaquer face à face le système électoral,
et parvint à le renverser.

Mais en présence de la révolution, alar-
mée pour ses intérêts, et forte encore par
ses souvenirs, et surtout par son influence
dans la Chambre des députés, il était devenu impossible de créer, comme il eût été
facile de le faire à l'époque de la restauration, un système d'élection qui offrît à la
couronne et aux priviléges constitutionnels,
une garantie solide contre l'esprit d'égalité
qui s'était emparé de la nation.

On ne put que pourvoir au danger du
moment; et comme depuis ces premières
modifications au système électoral, les opinions républicaines se sont encore propa-
gées, soit qu'elles aient profité des fautes
du gouvernement, soit qu'elles portent en
elles-mêmes une force d'accroissement
presque irrésistible, l'orage, détourné un
instant du trône, est venu l'assaillir de
nouveau; et les successeurs de M. de Serre
n'ont plus trouvé d'autres ressources que
de recourir à la corruption.

C'est alors qu'ils ont imaginé ce système

de ruse et de tracasseries qui leur a été depuis si violemment reproché, et par suite duquel ils sont parvenus à se créer dans les colléges électoraux une majorité illégale qui s'est empressée d'élire tous leurs candidats.

Mais le succès de leurs intrigues ne suffisant point encore pour rassurer leur faiblesse, ils ont fait cette injure à la royauté de supposer qu'elle ne pouvait jamais se soutenir parmi le peuple qu'autant qu'elle lui serait imposée au nom de Dieu.

Ils ont donc appelé le clergé à leur aide, et l'ont envoyé parcourir les provinces, non plus pour y prêcher l'Evangile, mais pour y prêcher la monarchie : une nouvelle milice sacerdotale a été plus particulièrement chargée de cette mission ; et tout moyen lui a été permis pour s'emparer des esprits. On a vu remettre en pratique toutes les momeries des temps barbares. Les fonctions des pasteurs légitimes ont été envahies, et leur zèle accusé d'insuffisance aux yeux de leurs paroissiens, par l'arrivée de prêtres étrangers. Les peuples ont été entraînés sur les pas

des missionnaires, non comme dans les
beaux jours du christianisme par la dou-
ceur de leurs exhortations, et la sainteté
de leurs paroles; mais par l'attrait d'une
curiosité stupide, et d'une superstition
grossière.

Tels furent les misérables moyens que
les ministres ont opposés à l'invasion des
idées républicaines. Il ne faut pas cependant les blâmer en tous points. Si, profondément pénétrés de l'insuffisance de nos
institutions, ils eussent jugé nécessaire au
salut de la monarchie de composer à tout
prix une chambre royaliste à l'aide de laquelle ils eussent assis la Charte et la couronne sur des bases plus solides; on pourrait leur pardonner le scandale des élections, et trouver même quelque courage
à la franchise avec laquelle ils ont à cet
égard engagé leur responsabilité; mais
n'avoir violé toutes les lois sur la liberté
des suffrages, et n'avoir imaginé toutes les
déceptions du *tourniquet*, que pour livrer
la France au joug du clergé ou plutôt des
jésuites; c'est ce que les royalistes, les li-
béraux, les constitutionnels, tous les Fran-

çais enfin ont droit de leur reprocher avec la plus vive indignation. On peut concevoir des nécessités politiques qui créent momentanément, en faveur d'un prince ou de quelque grand corps de l'Etat, un pouvoir extraordinaire; on n'en peut jamais concevoir qui puissent créer au clergé une autorité temporelle. Cette autorité, essentiellement incompatible avec la nature de ses fonctions, ne peut qu'altérer le respect des peuples, respect dont la société n'a jamais eu un plus pressant besoin. En outre une partie du clergé professe des doctrines si dangereuses, et les professe avec tant d'audace, que ce serait exposer l'Etat aux plus grands désordres, que de donner à ce corps la moindre part dans le gouvernement. Nous allons rappeler ces doctrines vraiment inconcevables, et l'on jugera si c'est à tort que la magistrature s'est émue; ses avis sont restés jusqu'à ce jour sans effet, comme tous ceux qui sont donnés à la prévention ou à la faiblesse. Dieu veuille qu'il ne vienne pas un temps qui en fasse éclater toute la prudence!

CHAPITRE II.

DES MAXIMES RELIGIEUSES ET POLITIQUES DU CLERGÉ.

Il existe aujourd'hui en France une aversion insurmontable pour la domination du clergé. Cette aversion n'est pas seulement fondée sur la droiture du caractère français, et sur son horreur pour l'hypocrisie ; mais encore sur un sentiment plus éclairé du véritable esprit de l'Evangile. Lorsque Jésus-Christ a dit dans les termes les plus positifs : *Mon royaume n'est pas de ce monde*, il n'est pas permis de voir un chrétien dans un prêtre qui veut *faire de ce monde son royaume*, et qui s'efforce de faire tourner au profit de son ambition, le juste respect qu'on lui porte comme ministre de Jésus-Christ.

Cette aversion est encore fondée sur l'amour passionné des Français pour l'indépendance de leur patrie, et sur leur attachement aux droits qui leur ont été reconnus par la Charte.

La Charte est en effet, plus que toute autre forme de gouvernement, incompatible avec l'autorité politique du clergé, en ce qu'elle ne lui laisse aucun moyen direct ou indirect de s'emparer de l'administration générale des affaires. Quand le pouvoir réside sur la tête d'un seul homme, il suffit au clergé, pour se rendre maître du gouvernement, de se rendre maître de la confiance du prince. Quelle que soit la manière dont l'autorité lui arrive, peu lui importe ; il a, suivant les circonstances, à offrir à la faiblesse avouée du prince, des Richelieu et des Mazarin ; comme à sa faiblesse secrète, des Lachaise et des Letellier. Mais lorsque la souveraineté est partagée entre le prince et plusieurs grands corps politiques jaloux d'exercer par eux-mêmes le pouvoir qui leur appartient, le clergé se trouve alors réduit à des intrigues obscures qui peuvent bien influer passagèrement sur l'élévation ou la chute de quelques ministres, mais qui ne peuvent jamais lui conquérir le pouvoir.

Le clergé doit donc être l'ennemi naturel du nouveau système politique établi en France. Il ne pourra de long-temps oublier son ancienne gloire, et cette longue autorité que les rois et les peuples s'étaient habitués à lui reconnaître. Cette France qu'il prétend avoir formée, civilisée, polie et élevée enfin au degré de splendeur où elle brille aujourd'hui parmi les nations de l'Europe, il ne pourra s'accoutumer à la voir libre, éclairée, confiante en ses forces, et s'administrant elle-même. Il se la représentera toujours prosternée devant la pourpre d'un prélat, ou devant le froc d'un moine. Jamais enfin il ne se croira rétabli dans ses honneurs et dans ses droits, qu'autant qu'il sera parvenu à renverser la loi odieuse qui le renferme dans l'exercice du saint ministère, et l'exile au pied des autels.

Aussi, depuis la restauration, jamais la confiance publique n'a-t-elle été plus violemment ébranlée que par la protection aveugle accordée à toutes les prétentions du clergé, et par les efforts que l'on a faits pour l'introduire comme un nouveau pouvoir, entre les autres pouvoirs politiques.

De son côté, le clergé, loin de chercher à calmer l'agitation des esprits, loin de prêcher l'oubli des injures, le respect aux droits reconnus par le Roi, et d'aplanir ainsi les difficultés de la restauration, a cru voir dans la protection dont il devenait l'objet, l'occasion favorable pour revendiquer hautement la plénitude de l'autorité spirituelle et temporelle.

Dans les temps anciens, et en présence des peuples aveuglés par la superstition la plus grossière, son audace avait bien été jusqu'à soutenir, sous le prétexte spécieux que la religion est le premier des biens, que le pape pouvait détrôner les rois pour cause d'hérésie; mais, dans ces temps-là même, le clergé n'osa aller plus loin : et si déjà il avait la pensée que la censure du pape pouvait s'exercer sur tous les actes de l'autorité royale, il avait soin de renfermer cette pensée dans le secret de son cœur, ou dans les livres, lancés dans le monde comme enfans perdus, et qui pouvaient être désavoués au besoin.

Mais aujourd'hui que le clergé a cru que les rois désespéraient eux-mêmes de la royauté, et ne voyaient plus de ressources qu'en lui ; aujourd'hui que le monde leur a paru divisé entre deux doctrines également subversives de l'ordre social, dont l'une place la souveraineté dans le peuple, et l'autre dans le Roi, son ancienne prudence lui a paru désormais hors de saison ; et il a jugé le moment propice pour établir enfin son autorité sur toutes les nations.

Un bonheur inattendu l'affermit encore dans l'exécution de ce grand dessein. Au milieu des orages de la révolution, il s'était formé dans le sein de l'Eglise de France, un de ces puissans génies que les malheurs des temps fécondent et fortifient. Un prêtre avait paru, à qui sa foi avait de nouveau révélé tout ce qu'il y a d'énergie et d'enthousiasme au fond des idées religieuses. Il entreprit de les ranimer pour en faire l'instrument d'une révolution générale dans les esprits. Entouré de vieux trônes qui s'écroulaient de toutes parts, et de gouvernemens timides s'élevant sur leurs ruines, sans oser décider, entre les peuples et eux, à qui appartenait la souveraineté ; il crut voir la société sur le point de s'abîmer ; et seul, sans crédit, sans fortune, sans nom encore, et sans autre force que sa conviction et son éloquence, il forma le hardi projet de placer l'ordre social sur le siége de saint Pierre comme sur une base inébranlable.

Il parla au nom de Dieu, et sa parole sublime parut n'avoir plus rien de la terre. *Nil mortale sonans.*

« Dieu, dit-il, est l'auteur de la société; mais pour que la société existe, deux choses sont indispensables : une loi qui unisse ses membres entre eux, et un pouvoir qui maintienne l'observation de cette loi. Donc il y a une loi divine, fondement de toute société, loi immuable, imprescriptible, contre laquelle tout ce qui se fait est nul de soi; donc aussi le pouvoir est originairement divin, et sa fonction est de conserver l'ordre, ou de faire régner la loi divine.

» Mais *ce qui est dit de la souveraineté n'est pas dit du souverain*, de telle sorte que, lorsque celui-ci s'affranchit de l'obéissance qu'il doit à Dieu, par une violation fondamentale de la loi de justice éternelle établie par le créateur, *les peuples ont le droit de se considérer comme dégagés eux-mêmes de l'obéissance envers leur souverain ;* et le supposant *déchu en vertu même de l'institution divine, ils ont le droit,* pour assurer leur existence, *de lui substituer un vrai et légitime pouvoir,* c'est-à-dire, *un pouvoir conservateur de la loi divine.*

» Or, la loi divine n'est autre chose que la religion ; donc il y a une loi spirituelle, *une loi religieuse à laquelle Dieu même a soumis la souveraineté ;* d'où il suit que toutes les grandes questions de justice sociale, tous les doutes sur la loi divine, *sur la souveraineté et sur ses devoirs, doivent être décidés par l'Église, et ne peuvent l'être que par elle chez les nations chrétiennes ;* puisque l'Église, seule dépositaire de la loi divine, *est chargée par Jésus-Christ même de la conserver, de la défendre, et de l'interpréter infailliblement.* »

D'après ces principes, il imagina une royauté d'une nouvelle espèce qu'il prétendit être la conséquence nécessaire du christianisme ; royauté qu'il déclara, il est vrai, souveraine et absolue dans ses rapports avec ses sujets et ses voisins ; mais dont les actes cependant peuvent être dénoncés à l'autorité supérieure du pape, par ceux qui ont à s'en plaindre, et devenir non-seulement l'objet de ses observations et de ses réprimandes, mais même entraîner la déchéance du prince qui les aurait commis.

Cette doctrine fut adoptée avec enthousiasme par la plus grande partie du clergé, et par les jeunes gens qui se destinent à l'état ecclésiastique ; elle le fut surtout par les jésuites et par toutes les congrégations qui sont placées sous leur direction.

Faisons maintenant l'application de ces principes à la Charte constitutionnelle qui forme aujourd'hui la loi fondamentale du royaume, et à la maison de Bourbon à laquelle les Français se plaisent à reconnaître un droit héréditaire et perpétuel à la couronne ; et, pour ne pas surcharger ce petit écrit de trop longues dissertations, prenons sur-le-champ pour objet de cette application, les articles 5 et 7 de la Charte.

Certes, si la loi divine qui a été établie par Jésus-Christ comme fondement de la

société, n'est autre chose que la religion
catholique, apostolique et romaine , dans
le sens que l'entendent les ultramontains ,
il est évident qu'il n'y a pas de dispositions
législatives qui lui soient plus directement
contraires que celles qui sont établies par
les deux articles ci-dessus ; puisque , non-
seulement elles reconnaissent à chaque citoyen le droit de professer *sa religion* avec
une égale liberté, et promettent à son culte
la même protection, mais qu'elles accor-
dent encore des traitemens aux ministres
des différens cultes chrétiens , comme à
ceux de la religion catholique. Ici donc , il
ne s'agit pas d'un doute sur la loi divine,
qui doive être décidé par l'Église, c'est-à-
dire par le pape ; il s'agit d'une contraven-
tion bien expresse et bien manifeste à cette
loi. Donc le pape ne saurait trop se hâter
de la signaler , en déclarant impie et sacrilége l'acte qui la renferme , et en punissant
le prince qui met au rang de ses premiers
devoirs celui de l'exécuter.

Voilà des conséquences qu'il est impossible de nier , et qui doivent remplir d'é-
pouvante tous les cœurs vraiment jaloux de

l'honneur de leur prince et de l'indépendance de leur patrie. Jamais le danger ne
fut en effet plus imminent. Entendez les cris
de joie des ultramontains! voyez comme ils
paraissent assurés de l'avenir! lisez les ou-
vrages de leurs écrivains, tout remplis de
blasphèmes contre la Charte! lisez les mandemens de leurs évêques, dont la violence,
poussée au-delà de toutes les bornes, a
lassé le respect des cours, qui se sont vues
forcées de les condamner.

Encore un peu de temps, et l'ivresse de
leurs succès, les entraînant à dévoiler leur
pensée tout entière, ils proclameront har-
diment qu'un roi qui protége les hérétiques,
qui entretient des chaires où l'on professe
le calvinisme et le luthéranisme, n'est
plus un *roi légitime* ; qu'il faut qu'il choi-
sisse entre se faire relever de son serment
à la Charte, ou se voir déclarer déchu de
la souveraineté, en vertu de l'institution
divine. Ils appelleront contre ce nouveau
Béarnais les foudres du Vatican ; ils soulè-
veront les peuples contre son autorité ; et
lorsque ce prince, à la tête de ses braves
et loyaux sujets, aura triomphé de leurs

fureurs, alors, brisés, mais non-soumis, ils ouvriront l'histoire de leurs prédécesseurs, et y chercheront des règles de conduite.

Je n'imputerai point à la congrégation ces abominables projets; mais elle professe les doctrines dont ils sont la conséquence inévitable ; et ces doctrines enfin étaient celles de la ligue.⟩

Eh ! dans quel autre but qu'un but purement humain et politique, une pareille association se serait-elle formée? quelle est cette nouvelle ardeur de prières qui s'est tout à coup emparée de ses membres? Quoi ! lorsque, depuis le lever jusqu'au coucher du soleil, des milliers d'églises sont ouvertes, dans toute la France, à la piété des fidèles ; lorsque des pasteurs légitimes s'empressent de porter en tous lieux les consolations de la religion ; lorsqu'à toutes les heures permises par les canons , le sacrifice de la messe est offert sur une multitude d'autels ; lorsque les voix les plus éloquentes annoncent aux jours prescrits la parole de Dieu ; lorsque la charité est continuellement sollicitée pour le soulagement de toutes les infortunes ; on voudra nous persuader qu'il est encore nécessaire qu'il y ait des lieux particuliers où les âmes dévotes s'exhortent , se fortifient et se lient par de bonnes œuvres ! Non, ces exhortations, ces prières, ces œuvres pieuses ne sont que des prétextes destinés à couvrir des vues toutes mondaines. Il n'est pas besoin d'être affilié à une société secrète pour secourir les pauvres et visiter les hôpitaux. De l'aveu d'un ministre qui connaît bien la congrégation; sous l'apparence d'un faux zèle de charité, elle conspirait sous Bonaparte pour rétablir les Bourbons. Qui nous dit que, sous la même apparence, elle ne conspire pas aujourd'hui contre l'œuvre de Louis XVIII, et qu'elle n'est pas prête à conspirer contre les Bourbons eux-mêmes, si leur chute est nécessaire à l'anéantissement de la Charte?

Dans ce funeste état des choses, et lorsque nous avons démontré que le clergé tout entier, par l'effet seul des souvenirs de sa grandeur passée, devait être l'ennemi naturel de nos anciennes institutions, n'est-il pas du devoir des ministres, des chambres, des magistrats et généralement de tous les citoyens, de s'opposer avec une persévérance infatigable, à tout ce qui pourrait augmenter son influence politique ?

Il y a trois points auxquels le clergé paraît borner aujourd'hui ses désirs, en attendant qu'il déroule la longue série de ses prétentions. Il demande : 1° l'enseignement exclusif de la jeunesse, 2° un revenu indépendant du vote annuel des chambres, et 3° une loi nouvelle qui subordonne le mariage civil au mariage religieux, ou en d'autres termes, les ultramontains qui le dirigent, veulent obtenir les moyens de préparer l'esprit des générations futures à la révolution qu'ils méditent, de solder la nouvelle armée catholique qui doit être chargée de l'opérer, et de façonner à son joug chaque famille particulière.

Si le clergé se bornait à réclamer le soin de semer dans l'âme des jeunes étudians, les germes de la parole divine ; s'il demandait que les exhortations et les instructions leur fussent plus fréquemment distribuées ; que le service divin fût célébré, dans tous les colléges, avec décence et ponctualité ; il n'est pas de pères de famille qui ne s'empressassent d'applaudir à son zèle, et de seconder ses intentions, persuadés, comme ils le sont tous, que les sentimens religieux sont la garantie la plus solide de l'accomplissement des devoirs que leurs enfans auront quelque jour à remplir. Mais lorsqu'on voit le clergé, sous de louables apparences, s'efforcer de déverser le mépris sur tout le corps universitaire composé d'hommes si recommandables par leurs mœurs et leurs lumières ; lorsqu'on le voit réclamer jusqu'à l'enseignement des sciences mondaines, et proposer pour cet enseignement, non pas même des prêtres séculiers, mais un corps de moines proscrits pour ses doctrines dangereuses, par tous les peuples chez lesquels il a été établi, par les princes despotiques, comme par les princes soumis à des lois fondamentales, et enfin par le saint siége lui-même ; comment penser autre chose, sinon que le clergé a bien moins la prétention d'enseigner la religion, les sciences et les belles-lettres, avec plus de succès que l'université, qu'il n'a réellement pour but de préparer l'esprit des générations futures au seul système politique qui convienne à son ambition, et d'inculquer à la jeunesse cette fausse et pernicieuse doctrine, que la plénitude de la souveraineté réside dans le pape, que les lois des princes qu'il reconnaît sont les seules qui engagent la conscience, et qu'il peut disposer des couronnes, comme il dispose de toutes les dignités ecclésiastiques?

Ainsi s'explique cette persévérance si active du clergé à éloigner les laïcs de l'instruction publique. Il sait bien que sa doctrine n'est de nature à être crue que par des prêtres aveuglés par l'intérêt de leur corps; et que, quant aux laïcs, ce n'est pas dans les rangs modestes des maîtres et des professeurs qu'il parviendra à l'introduire, mais seulement dans la classe des gens qui peuvent en faire argent et marchandise, comme sont ceux qui approchent des sources des grâces et de la faveur.

Les vœux manifestés par le clergé pour obtenir un revenu indépendant ne sont pas moins alarmans. Au fait, à quoi peut-

il légitimement prétendre? Qu'un prêtre
ait un traitement suffisant pour soutenir,
aux yeux du peuple, la dignité de son caractère, et pour venir au secours du pauvre ;
il a reçu de la société tout ce qu'il a droit
d'en attendre. Ce n'est pas pour entrer en
partage des biens et des dignités de ce
monde que Jésus-Christ l'a choisi pour
son ministre; c'est pour instruire les peuples, les consoler dans leurs afflictions, et
leur préparer les voies du salut. Que lui
importe l'avenir? il n'y a pas de lendemain
pour lui. S'il est dans les desseins de Dieu
qu'il voie encore se lever le soleil, Dieu, en
lui imposant de nouveaux travaux, lui four-
nira les moyens de les accomplir. Pourquoi
donc le clergé fatigue-t-il la Fance par ses
exigences continuelles? Pourquoi veut-il
un revenu indépendant, une caisse particulière, et bientôt sans doute aussi un crédit et un papier? n'est-on pas autorisé à
penser qu'il cherche à préparer un trésor
pour l'avenir, trésor destiné à seconder le
développement de ses doctrines et l'exécution des projets qui doivent les faire
triompher ?

Une autre considération de la plus haute importance doit encore maintenir le gouvernement dans la ferme volonté de ne jamais concéder au clergé aucun revenu territorial ; c'est que, par une conséquence nécessaire, il faudrait lui accorder le droit d'être représenté à la Chambre des députés ; et ce serait lui rouvrir la carrière politique, dont il doit toujours être tenu soigneusement écarté.

Il ne serait pas juste en effet qu'il pût être soumis à toutes les charges publiques imposées aux propriétaires sans avoir le droit, comme eux, d'en examiner la nécessité, et de vérifier l'emploi des sommes qu'elles auraient produites : les mêmes intérêts solliciteraient en sa faveur les mêmes garanties, et le livreraient à mille soins qui le détourneraient sans cesse du but de sa mission. Si l'on a jugé utile d'interdire au clergé le lien austère du mariage, et si l'on a pu se résoudre à priver ainsi les fidèles des exemples édifians qu'il leur aurait offerts dans un état si rempli de dangers et de faiblesses, combien à plus forte raison doit-on lui inter-

dire les embarras vulgaires qu'entraînent
après eux l'exploitation, l'entretien et la
location des biens fonds!

Mais rien n'approche surtout de l'audace
du clergé dans ses prétentions à l'égard
des registres de l'état civil, ou, pour parler
plus exactement, à l'égard des conventions
civiles qu'ils sont destinés à constater.
Plus hardi à mesure qu'il sent le gouvernement plus faible, et mieux éclairé sur le
véritable intérêt de sa domination à mesure qu'il la voit s'agrandir et se développer, il renonce aujourd'hui à demander
ces mêmes registres qu'il sollicitait na-
guère encore avec tant d'ardeur. Il n'a pas
tardé à s'apercevoir que cette concession le
soumettrait nécessairement à la surveillance
des cours qui sont spécialement chargées
de l'observation des lois relatives à l'état civil; et, comme cette surveillance est l'objet le plus constant de son aversion, il a
cherché quelque autre moyen de dominer
les familles. Son génie inventif ne l'a pas
abandonné dans cette circonstance, et lui
a suggéré un plan où respirent toute
l'audace et l'insultante confiance de Gré-

goire VII ; ce plan consiste à demander
que le mariage civil ne puisse jamais être
célébré à l'avenir qu'après le mariage religieux , ou, en d'autres termes, à demander
la plénitude de la souveraineté. Oui, je ne
crains pas de le dire, le jour où une pareille loi serait adoptée *il n'y aurait plus
en France de société civile ; il n'y aurait
plus ni roi , ni chambres , ni magistrats ;* il
y aurait uniquement des prêtres ; non plus
des prêtres prêchant, catéchisant, distri-
buant les sacremens ; mais des prêtres administrant, imposant, jugeant, et n'em-
ployant le bras séculier que comme un vil
instrument de leurs décisions. La France
se verrait partagée en évêchés et en cures,
comme elle le fut autrefois en hautes ba-
ronnies et en seigneuries ; et les évêques,
seigneurs suzerains des curés, ne relève-
raient eux-mêmes que du pape, *suprême défenseur du droit et de la justice sur la terre.*

Et comment éviter cette honte et cette
dégradation, si désormais aucun citoyen
ne peut plus créer une famille légitime
sans le consentement de son curé ? A qui
s'adressera-t-il si le curé refuse de le ma-

rier ; si, devenu l'arbitre de ses espérances
et de ses plus chères affections, il abuse
indignement de son autorité pour lui imposer des conditions humiliantes, des dé-
lais, des expiations, des réparations, des
amendes enfin, car on ne manquerait pas
d'aller jusque là? A qui encore une fois
portera-t-il ses plaintes ? Ce ne pourra être
aux magistrats ; ils seraient obligés de répondre qu'il ne s'agit que d'un acte religieux, qui n'est pas de leur compétence :
ce sera donc à l'évêque, au haut baron
ecclésiastique. Mais si l'évêque approuve la
conduite du curé, quel recours restera-t-il
contre ce dernier ? Il faudra bien courber la
tête sous le joug théocratique; il faudra
bien attendre, s'humilier, payer, et surtout reconnaître qu'il n'existe plus en
France qu'un unique pouvoir, celui de
l'évêque et du curé.

Mais ce n'est point encore là que s'arrête la vaste ambition du clergé; il veut
avoir de plus le droit de s'assembler pour
concerter ses plans; celui de publier librement ses mandemens et ses lettres pastorales pour propager ses doctrines ; il veut

avoir des tribunaux particuliers auxquels il traînera bientôt les laïques sous le prétexte que l'inexécution des contrats civils est une atteinte à la loi de Dieu ; il veut pouvoir établir des séminaires , et consacrer autant de prêtres qu'il le juge convenable ; il veut s'emparer de l'administration exclusive des hôpitaux; il veut être déclaré habile à recevoir indistinctement tous les dons et legs qui pourraient lui être faits; il veut un plus grand nombre d'évêchés ; il veut des moines et des congrégations de toutes sortes ; il veut que sa correspondance avec Rome ne soit plus soumise à aucune surveillance ; il veut surtout que les bulles du pape soient désormais reçues en France sans examen préalable , afin que le pape puisse apprendre aux peuples :

1° Que le devoir d'obéir a son fondement dans la loi divine , comme le droit de commander;

2° Que les doutes qui peuvent naître sur ce devoir et sur ce droit doivent, chez les peuples chrétiens, être résolus par le pape, qui est la seule autorité à qui Jésus-

Christ a confié la garde de la loi divine, et qu'il a chargée de la maintenir et de l'interpréter ;

3° Que la souveraineté peut se perdre ;

4° Que l'on ne peut savoir certainement que par le jugement du pape que la souveraineté est perdue ;

5° Enfin que c'est le pape seul qui peut déterminer, pour la conscience, le moment où il est permis d'obéir à un souverain nouveau.

Et quels temps choisit-on pour professer de pareils principes, qui suffiraient à eux seuls pour allumer en Europe le plus vaste incendie qui l'eût encore ravagée ! Ne voit-on pas que le repos de la France, et peut-être celui de l'Europe, est assis aujourd'hui sur la tête d'un enfant ? Si le miracle de sa naissance n'avait été opéré que pour nous, sans devoir s'étendre aux générations futures, la couronne pourrait devenir un objet de contestation entre les descendans de Louis XIII et ceux de Louis XIV, comme la couronne d'Angleterre le fut autrefois entre les maisons d'York et de Lancastre. A quelle longue série de désastres la France serait-elle alors exposée, surtout lorsque, nos lois, ne reconnaissant dans les femmes aucun droit au trône, il n'y aurait point à espérer qu'un nouvel Henri VIII réunît un jour sur sa tête les droits des deux maisons rivales? Comment vider ce grand procès que l'assemblée qui osa tout n'osa pourtant point décider? Au milieu de toutes les questions que feraient naître les effets des renonciations d'un prince à l'égard de sa race; ceux de la cessation des causes qui auraient nécessité ces renonciations; ceux de l'imprescriptibilité des droits de la naissance en matière de succession au trône; ceux du traité de 1712 considéré comme ayant établi, dans la famille royale de France, un nouvel ordre de succession; ceux de la possession de l'état de premier prince du sang; ceux résultant de la condition de Français ou d'étranger dans la personne de l'un ou de l'autre des princes prétendans; au milieu, dis-je, de toutes ces difficultés et des différens intérêts politiques attachés à la cause de chacun des deux princes; lorsque la liberté se trouverait peut-être encore une fois en présence du despotisme ; la tolérance religieuse en présence de la superstition ; les lumières et la prospérité des siècles nouveaux en présence de la grossièreté et de l'ignorance des siècles anciens ; ira-t-on, par une indulgence coupable pour les principes ultramontains, s'exposer à voir compliquer encore une situation déjà si difficile, par le droit nouveau qu'un des deux princes contestans, et peut-être même un troisième, prétendrait tirer d'une décision du pape qui lui donnerait la couronne? Assez de germes de divisions seraient déjà répandus en France, sans que, par notre faiblesse et notre imprudence, elle dût être livrée encore à toutes les fureurs du fanatisme.

Qu'on ne dise pas que ces craintes sont chimériques, et que les foudres du Vatican n'effraient plus aujourd'hui personne. Sans doute il faut espérer qu'on ne reverra plus la populace de Paris se soulever à la lecture d'une bulle, et se laisser entraîner sur les pas d'une troupe de moines révoltés contre leur roi ; mais ce qui n'est pas probable que l'on voie à Paris, on peut le voir dans certaines provinces qui sont encore plongées dans l'ignorance la plus grossière, et dont on a soin d'éloigner la lumière comme un fléau. Qu'y a-t-il, par exemple, que les prêtres ne puissent persuader aux paysans bretons? qu'y a-t-il, qu'ils ne puissent bientôt persuader à toute la France, quand ils seront parvenus à détruire l'enseignement mutuel et l'université, et à établir des frères de la doctrine chrétienne dans tous les villages, et des jésuites dans les villes? Il ne faut plus que deux ou trois générations pour que la France revienne à croire aux sorciers et aux loups-garoux; et pour que l'on voie les rois jurer encore sur la vraie croix de Saint-Laud, et se laisser fouetter à Rome sur les épaules de leurs ambassadeurs.

Tel est le funeste avenir que les hommes éclairés prévoient en frémissant, et que la magistrature s'efforce de détourner de la France, en s'opposant de tout son pouvoir au nouveau catholicisme qu'on cherche à y introduire, et en maintenant les anciennes maximes de la monarchie et les vieilles libertés de l'Église de France, c'est-à-dire celles qui ont été établies par nos premiers évêques, proclamées depuis, et par le saint roi, et par le grand roi, et par le grand évêque.

Ces maximes sont encore aujourd'hui ce qu'elles ont été dans tous les temps ; la Charte n'y a rien changé, elle n'a fait que leur donner une sanction plus solennelle en les dégageant des obscurités qu'avaient élevées autour d'elles les usurpations successives des rois, et les excès non moins funestes du despotisme populaire. Rendues à leur premier lustre, il n'est plus de Français qui n'en reconnaisse la vérité, et qui n'en sente tous les avantages : il suffira donc de les exposer, sans avoir besoin d'en rechercher les preuves dans les vieux monumens de notre histoire. Ce sera l'objet du chapitre suivant.

CHAPITRE III.

DES MAXIMES DU DROIT PUBLIC FRANÇAIS SUR LA NATURE ET L'ÉTENDUE DU POUVOIR ROYAL, ET DU POUVOIR ECCLÉSIASTIQUE.

Lorsque Hugues Capet fut élevé sur le trône, les hauts barons qui le proclamèrent, et qui, suivant les mœurs et l'opinion de ces temps de barbarie, représentaient la nation française, ne lui conférèrent point le pouvoir absolu, mais lui imposèrent au contraire, sous la foi du serment, l'obligation expresse de respecter les lois fondamentales du royaume.

Depuis, et à chaque avénement, les successeurs de Hugues Capet ont toujours été tenus de renouveler le contrat primitif qui avait été formé entre le peuple et le chef de leur dynastie. Ce fut dans cette vue seulement, et non pour légitimer les droits du prince par la sanction divine, ainsi que le clergé chercha depuis à le persuader, que fut établie la cérémonie du sacre, dans laquelle le prince s'engage solennellement envers le peuple à le gouverner suivant les lois existantes au moment de son couronnement.

Il est donc évident que le prince n'a pas plus le droit de changer les lois fondamentales de l'état sans le consentement du peuple que le peuple n'a le droit de se soustraire à l'obéissance qu'il doit à son prince. La souveraineté, ou le droit de faire la loi, ne réside donc, à proprement parler, ni dans le prince, qui ne l'a pas reçue de ceux qui l'ont élu, ni dans le peuple, qui ne peut. sans le consentement du prince, changer les lois qu'il a faites avec lui.

Elle ne réside pas non plus dans le prince considéré comme ministre de Dieu, car nos princes n'ont point été choisis comme David, mais élus par la nation ; ils ne peuvent pas davantage prétendre que le droit à la souveraineté soit inné en eux et inhérent à leur personne, et qu'il constitue une haute et sublime prérogative qu'ils ne tiennent que d'eux-mêmes, puisque, suivant l'expression du grand écrivain que j'ai déjà cité, *« ce serait*

» *avancer qu'il existe deux races d'hommes,*
» *l'une destinée à commander, et l'autre à*
» *obéir ;* et établir ainsi le principe d'une
» servitude si avilissante qu'on ne conce-
» vrait rien au-dessous d'elle. »

La souveraineté réside dans le prince et le peuple réunis, qui, étant les deux seules parties contractantes dans le grand acte par lequel a été établie la monarchie française, sont libres de changer comme il leur plaît les conditions de cet acte.

Aussi voyons-nous que dans les premiers temps de la troisième race les rois se sont toujours reconnus obligés à prendre l'avis de leurs barons ou des trois ordres du royaume rassemblés en états généraux toutes les fois qu'il s'agissait de quelque grande mesure nécessaire au salut ou à la prospérité de la monarchie, comme d'établir de nouveaux impôts, d'expliquer et d'interpréter les lois fondamentales du royaume, ou de pourvoir aux nouveaux intérêts que faisait naître l'accroissement des richesses et de la population.

Il est vrai que, dans des temps posté-rieurs, le rois se sont quelquefois affranchis de ces obligations, et, qu'enivrés de leurs victoires sur la haute noblesse, ils ont cherché à s'emparer du pouvoir absolu; mais ils n'ont jamais pu parvenir à faire reconnaître ces usurpations; et, dans toutes les circonstances au contraire, le peuple leur a témoigné, tantôt par une résistance armée, et tantôt par une résistance passive, qu'il entendait conserver ses priviléges.

Les choses restèrent long-temps dans cet état de doute, et quelquefois de guerre, entre le prince et les sujets, lorsqu'ils semblèrent enfin s'accorder, à titre de transaction, à remettre à l'examen des parlemens toutes les matières qui étaient autrefois soumises à celui des états généraux.

Par suite de ce nouvel ordre de choses, et, l'on pourrait presque dire, de cette nouvelle constitution du royaume, il a été reconnu en France, et adopté généralement comme maxime incontestable,

1° Que la souveraineté réside collectivement dans le roi et dans le peuple, représenté suivant les modes successivement

en usage dans les différens âges de la monarchie, d'abord par les hauts barons, ensuite par les états généraux, et depuis par
les parlemens;

2° Qu'en conséquence, le peuple ne devait obéissance au roi, en tout ce qui n'é-
tait pas matière d'administration, qu'autant que ses édits avaient été vérifiés dans
les différentes cours du parlement;

3° Que les receveurs des deniers publics
ne pouvaient, sans se rendre coupables de
concussion, exiger le recouvrement d'un
impôt non enregistré;

4° Enfin que les parlemens ne devaient
avoir, dans l'administration de la justice,
aucun égard aux lois qui n'auraient pas été
soumises à leur libre sanction.

Telles étaient les anciennes maximes de
la monarchie; elles n'ont point été chan-
gées par la Charte, qui n'a fait autre chose
que mieux définir le droit public de la
France, et régler, d'une manière plus
juste, l'exercice du droit de représentation
appartenant à la nation.

Aujourd'hui donc, comme autrefois, la
souveraineté réside collectivement dans le

Roi et la nation représentée par les deux
Chambres; et les Français ne sont tenus
d'obéir à aucune loi, ni de payer aucun
impôt qui n'ait été établi par le concours
de ces trois autorités.

En vain, prétendra-t-on que la souveraineté est indivisible, et qu'admettre plusieurs volontés pour former la loi, c'est
charger le hasard ou les passions de décider chaque jour qui sera roi ; on pourrait
répondre d'abord, et avec plus de vérité,
que c'est charger le talent, la raison, et
l'intérêt public de diriger les affaires de
l'Etat; et ensuite, qu'il en est de la souveraineté comme de la volonté de l'homme
qui peut bien rester un instant suspendue,
pendant que l'homme est livré à des sentimens opposés ; mais qui n'en continue pas
moins de résider en lui durant cette lutte.
De même encore que l'expression de la volonté de l'homme peut être altérée ou falsifiée, lorsque, livré aux accès du délire
ou de la fièvre, sa bouche ne prononce que
des mots incohérens ; de même aussi l'expression de la souveraineté peut être altérée
ou falsifiée par l'organe particulier, soit du

Roi, soit du peuple, lorsque l'un de ces deux pouvoirs, méconnaissant les droits de l'autre à la confection de la loi, proclame comme l'expression de la souveraineté ce qui n'est que l'expression de sa volonté particulière.

Aussi, lorsque le calme est rétabli dans l'Etat, comme lorsque l'homme est rendu à la santé, toutes ces vaines paroles sont désavouées, le roi et le peuple réunis font entendre la véritable expression de la souveraineté, comme l'homme fait entendre la véritable expression de sa volonté.

Mais, poursuit-on encore, où devrait-on reconnaître la souveraineté, si le roi et le peuple se divisaient sur un point capital, et s'ils entraient même en guerre l'un contre l'autre?

Alors, il faut bien l'avouer, il serait du devoir de chaque corps et de chaque citoyen d'appuyer de tous ses moyens, ou les droits du Roi, ou ceux des deux Chambres, suivant l'opinion que, dans le sanctuaire de sa conscience, il se formerait de ces droits; car il est évident qu'alors il y aurait tyrannie, soit de la part du Roi

contre son peuple, soit de la part de quelques factieux contre le Roi. On ferait ce
qui s'est fait dans tous les temps et dans
tous les lieux : on ne regarderait plus
comme pouvoir ce pouvoir félon, injuste,
oppresseur, qui, gouvernant par son seul
caprice, aurait foulé aux pieds la loi du
pays ; et on le forcerait, par une légitime
résistance, à rentrer dans les limites qu'il
ne lui était pas permis de franchir.

Je ne nierai pas que cette résistance ne
puisse entraîner de grands malheurs , et
qu'on ait peut-être raison d'imputer à l'a-
bus exécrable que l'on a fait de la doctrine
que je viens d'exposer, quelques-unes de
ces terribles catastrophes qui ont épou-
vanté le monde ; mais quelle forme de
gouvernement, quels principes sur la souveraineté ont jamais garanti les rois et les
peuples de pareilles calamités?

Si l'on comptait les souverains qui sont
tombés victimes de la théorie du pouvoir
absolu, ou de la suprématie du pape, on
verrait combien ces deux derniers systèmes
sur la souveraineté ont été plus funestes
aux princes que les résistances toujours

tardives des peuples à l'envahissement de leurs droits.

Mais heureusement, d'après les dispositions de la Charte, le cas de ces résolutions désespérées ne peut plus guère se présenter en France ; car le roi, ayant la faculté de dissoudre la chambre des députés, il faudrait que les prétentions de cette chambre fussent fondées sur un droit bien certain , pour être renouvelées par la chambre suivante, et il est probable qu'alors le roi se rendrait à l'évidence des raisons qui lui seraient exposées.

Rien n'est plus rare, au reste, que ces désunions tranchées entre les divers pouvoirs qui constituent la souveraineté, lorsque les principes qui les ont établis sont bien connus dans la nation. Le besoin réciproque que ces pouvoirs ont les uns des autres; la nécessité où ils se trouvent de prendre une détermination sur les affaires qui leur sont soumises; les regards de la nation, qu'ils savent être fixés sur eux, les obligent bientôt à s'entendre et à se faire mutuellement toutes les concessions raisonnables.

D'ailleurs, il s'est établi entre les Français et la maison de Bourbon une espèce
de sympathie qui les a rendus nécessaires
l'un à l'autre, et qui, habilement ména-
gée, peut lutter avec succès contre l'esprit
d'innovation auquel l'Europe entière est
aujourd'hui en proie. Le roi ne peut pas
plus se passer des acclamations de son
peuple, que le peuple du sourrire de son
roi. Le silence de l'un ou la froideur de
l'autre ne tarde pas à provoquer une expli-
cation, toujours suivie de la plus tendre et
de la plus touchante réparation. C'est à qui
des deux s'empressera d'avouer ses torts
et d'oublier la résistance qui a pu être ap-
portée à ses prétentions. Nos princes surtout se sont toujours distingués par ce
genre particulier de générosité. Combien
n'avons-nous pas d'ordonnances de nos
rois, qui ont encouragé les parlemens à
leur désobéir, s'ils venaient à s'écarter des
dispositions des lois qu'ils avaient juré
d'exécuter! Comment croire, qu'avec cet
ardent amour pour la justice, devenu héréditaire dans la maison de Bourbon, et
lorsque les limites du pouvoir royal sont
désormais si clairement tracées, lorsqu'elles

l'ont été par les Bourbons eux-mêmes, librement, sagement et avec tant de solennité, il puisse jamais survenir de graves difficultés entre eux et leurs sujets? Non! les Bourbons n'ont plus à recueillir en France que des bénédictions, ils n'ont plus à entendre que des accens de joie et de reconnaissance. Leur sagesse a désarmé l'avenir de toutes ses menaces, et les usurpations de leurs ministres pourraient seules y rappeler les orages.

Quant à la puissance de l'Église, quelqu'illimitée que la France la reconnaisse en matière spirituelle, jamais elle ne l'a reconnue en matière temporelle. Jésus-Christ a dit à ses apôtres : « Mon royaume n'est pas de ce monde. Rendez à César ce qui est à César, et à Dieu ce qui est à Dieu. » Donc, lorsqu'il leur a dit ensuite : *Toutes les fois que plusieurs de vous seront assemblés en mon nom, je serai au milieu d'eux;* » et lorsqu'il leur a dit encore : « *Tout ce que vous délierez sur la terre sera délié dans le ciel,* » il n'a entendu évidemment leur promettre son assistance que lorsqu'ils s'occuperaient d'affaires spirituelles, et leur accorder le droit de délier, qu'en ce

qui concernerait la direction des conscien-
ces. Lors donc que les évêques sont assemblés en concile pour expliquer, soit
de quelle manière Jésus-Christ apparaît,
dans le sacrifice de la messe, sous les espèces du pain et dn vin ; soit comment,
dans le mystère de la Trinité, le Fils et le
Saint-Esprit procèdent du Père ; soit enfin
pour statuer sur toute autre matière de
dogme, la France reconnaît, avec tout
le monde chrétien, que l'Esprit Saint est
au milieu d'eux. Mais s'ils s'assemblaient
au contraire, pour examiner si tel gouvernement est, ou n'est pas, légitime; si le
mode suivant lequel il est organisé est conforme, ou contraire, à la loi de Dieu ; si l'on
peut en conscience payer le tribut à ce gouvernement, ou en accepter quelque emploi; la France ne reconnaîtrait jamais en
eux les organes de Jésus-Christ ; leurs décisions ne seraient, à ses yeux, que le résultat de leurs sentimens particuliers, et
manqueraient de la sanction divine, la
seule qui puisse commander le respect et
l'obéissance des peuples.

Mais qui êtes-vous, dira-t-on, pour refuser, ou pour accorder, quoi que ce soit à l'Église universelle ? Tout ce qu'elle a ne le tient-elle pas de Dieu seul ? Vous croyez-vous permis de lui ravir quelques-uns de ses dons, ou avez-vous un autre moyen de les connaître que son témoignage ?

Je répondrai : Nous sommes des chrétiens qui connaissons, d'après les paroles mêmes de Jésus-Christ, quelle est la nature des dons qu'il a faits à son Église, et jusqu'où ces dons s'étendent. Nous savons qu'ils n'ont rapport qu'aux choses spirituelles ; et nous ne croyons au témoignage de l'Église que lorsqu'elle est assistée de Jésus-Christ, c'est-à-dire, lorsque, sans s'occuper *de ce qui est à César,* elle déclare *ce que l'on doit rendre à Dieu.*

Il n'appartient qu'à la nation, c'est-à-dire au peuple uni à son roi, de se constituer telle forme de gouvernement qu'elle juge la plus convenable à ses mœurs, ou la plus propre à faire son bonheur ; de changer ou de modifier ses lois ; d'en établir de nouvelles, et généralement de statuer sur tous ses intérêts intérieurs ou extérieurs.

(57)

Sans doute dans le temps où la France
entière était catholique, elle aurait pu établir, comme loi fondamentale du royaume,
que son roi serait toujours catholique, et
que son changement de religion équivau-
drait à une abdication, de même qu'elle a
établi que les filles ne succéderaient pas
à la couronne, et de même encore que
d'autres nations ont prévu différens cas où
le roi encourrait la déchéance ; mais, dans
cette hypothèse même, qui ne peut plus
être réalisée aujourd'hui d'après la disposition de la Charte sur la liberté de conscience, ce serait en vertu de la loi de
l'État, et non en vertu d'une décision de
l'Église que le prince devrait être contraint
de descendre du trône.

Tel est l'objet de la première proposition
de la fameuse déclaration de 1682 qui éta-
blit en principe :

Que la souveraineté temporelle, suivant
l'institution divine, est complètement indépendante de la puissance spirituelle.

Cet article n'a fait que consacrer la ré-
solution arrêtée le 15 décembre 1614 en

la chambre du tiers-état, et qui était conçue en ces termes :

« Que, pour arrêter le cours de la per-
» nicieuse doctrine qui s'introduit depuis
» quelques années contre les rois et puis-
» sances souveraines établies de Dieu, par
» esprits séditieux qui ne tendent qu'à les
» troubler et subvertir, le roi sera supplié
» de faire arrêter en l'assemblée de ses
» états, pour loi fondamentale du royaume
» qui soit inviolable et notoire à tous; que,
» comme il est reconnu souverain en son
» état, ne tenant sa couronne que de Dieu
» seul, il n'y a puissance en terre, quelle
» qu'elle soit, spirituelle ou temporelle,
» qui ait aucun droit sur son royaume pour
» en priver les personnes sacrées de nos
» rois, ni dispenser ou absoudre leurs su-
» jets de la fidélité et obéissance qu'ils lui
» doivent, pour quelque cause ou prétexte
» que ce soit, etc., etc. »

Cet article n'a fait encore que confirmer
ces antiques maximes que l'avocat-général
Servin disait, le 3o décembre de la même
année, *avoir toujours été tenues en France
et être nées avec la couronne;* savoir :

(59)

« Que le roi ne reconnaît aucun supé-
» rieur au temporel de son royaume, sinon
» Dieu seul, et que nulle puissance n'a
» droit ni pouvoir de dispenser ses sujets
» du serment de fidélité et obéissance qu'ils
» lui doivent, ou de le suspendre, priver
» ou déposer de sondit royaume. »

On sent que la première conséquence de
ces principes est qu'aucun décret, aucune
bulle, aucun rescrit ou autre expédition
de la cour de Rome ne doivent être reçus
en France, et que de même aucun mandement ou lettres pastorales ne doivent être
publiés, sans avoir été préalablement exa-
minés et vérifiés par l'autorité civile, pour
s'assurer qu'ils ne contiennent aucune proposition erronée et dangereuse sur le pouvoir temporel du Roi et des Chambres.

On s'était relâché, dans ces derniers
temps, de la rigueur de ce droit d'examen,
dans l'espérance que le clergé, mieux in-
struit de la mission qu'il a reçue de Jésus-
Christ, reviendrait de ses erreurs sur la
nature du pouvoir temporel, ou qu'il s'abs-
tiendrait du moins de traiter, dans ses
instructions, aucune question politique ;

mais puisqu'aujourd'hui la cour de Rome renouvelle ses prétentions avec plus de hauteur que jamais ; et qu'une grande partie des évêques, au lieu de s'y opposer, et comme chrétiens, et comme Français, ont la faiblesse de les soutenir ; il est du devoir du gouvernement de surveiller, avec le plus grand soin, tous les actes de la puissance ecclésiastique, dans la crainte que le pape, et une partie du clergé, n'abusent de la permission qui leur serait accordée de communiquer librement avec les fidèles, pour répandre parmi eux leurs fausses doctrines sur le pouvoir civil.

Une autre conséquence qui résulte de l'indépendance de la souveraineté temporelle, c'est que les matières qui concernent la discipline doivent être réglées par le concours de l'autorité civile et de l'autorité ecclésiastique, parce qu'il est de la nature de ces sortes d'affaires, d'avoir une influence directe sur la tranquillité publique, et d'avoir en même temps pour objet des actes religieux.

C'est ainsi que le clergé ne peut s'assembler sans la permission du Roi, et qu'au temps et au lieu qu'il aura fixé, parce qu'il est telle circonstance où le repos public pourrait être troublé, si le clergé venait à s'assembler en telle ville plutôt qu'en telle autre; de même aussi les évêques ne peuvent sortir du royaume sans congé; de même encore aucune fête ne peut être instituée sans le consentement du Roi, qui seul est apte à juger si cette nouvelle interruption de travail n'offre aucun inconvénient.

La seconde maxime reçue en France en matière religieuse, c'est que le pape n'est point infaillible, et que son jugement peut être réformé par les évêques rassemblés en concile général.

Si les papes n'avaient pas élevé la prétention d'avoir été investis de la plénitude de la souveraineté, la question de savoir si le pape est infaillible, et si le concile lui est supérieur, serait une question purement dogmatique, que la France, comme société politique, n'aurait aucun intérêt d'examiner ni de résoudre; et à l'égard de laquelle elle aurait bien moins encore le droit d'imposer son opinion à aucun fidèle, ou à aucun membre du clergé.

Mais lorsque les papes ont proclamé hautement que Dieu leur avait donné sur les rois une puissance coercitive pour les forcer à se conformer, dans chacun des actes de leur souveraineté, à ce qu'il plaît à la cour de Rome d'appeler la loi divine; alors la France a le plus grand intérêt d'examiner sur quels textes de l'Évangile se fonde cette infaillibilité, afin de détruire, dans sa racine même, toute l'autorité des déclarations que les papes pourraient faire, par la suite, à l'égard des différens actes de la puissance temporelle.

Je laisse aux théologiens à démontrer la futilité des moyens auxquels les papes se sont vus forcés d'avoir recours pour appuyer leur prétendue infaillibilité. Ces moyens ont été discutés avec la plus grande attention dans l'assemblée de 1682, dirigée par le grand Bossuet; et ce n'est qu'après le plus mûr examen, que la question a été décidée contre le pape; et que l'assemblée a établi en principe par ces trois derniers articles :

« Que le jugement du pape n'est pas in-

» faillible, et qu'il pouvait être réformé par
» les évêques assemblés en concile. »

Il est facile cependant, sans être particulièrement versé dans l'étude de la théo-
logie, et par la seule lecture des passages
sur lesquels les papes appuient leurs prétentions, de juger par soi-même combien
elles sont déraisonnables.

Ces passages se réduisent à trois, où Jesus-Christ dit à saint Pierre :

« 1° Tu es Pierre, et sur cette pierre je
» bâtirai mon Église, et les portes de l'enfer
» ne prévaudront point contre elle. 2° Je te
» donnerai les clefs du royaume des cieux,
» et tout ce que tu lieras sur la terre sera lié
» dans le ciel, et tout ce que tu délieras
» sur la terre sera aussi délié dans le ciel ;
» et 3° Pais mes agneaux, pais mes brebis. »

Il est curieux de voir maintenant comment les papes interprètent ces trois passages.

D'abord, disent-ils, il faut observer que
nul n'est associé à Pierre, lorsque le Sauveur
déclare qu'il bâtira sur lui son Église ; ensuite que la promesse de lui confier les clefs
est le symbole du pouvoir souverain ; et en

dernier lieu, que Jesus-Christ, lui ayant donné la mission de paître ses agneaux et ses brebis, il est évident qu'il a entendu soumettre à son autorité et les fidèles et les pasteurs.

D'où ils concluent que l'étendue de la puissance du pape n'admet ni de supérieure ni d'égale.

Ainsi, comme on le voit, l'infaillibilité du pape ne se fonde sur aucun texte précis où elle soit énoncée en termes clairs et incontestables ; mais seulement sur des interprétations qui approchent plus ou moins de la véritable pensée de Jésus-Christ, et dont aucune surtout n'est plus extraordinaire que celle qui consiste à soutenir, sans même s'inquiéter de porter le sens propre dans le sens figuré, que *mes agneaux* veulent dire *les fidèles*, et *mes brebis les pasteurs* eux-mêmes.

C'est bien certainement donner aux trois passages que je viens de citer une interprétation assez large en faveur du Saint Siége, que d'en conclure que le pape a été établi par Jésus-Christ comme le centre de l'unité, comme le chef suprême spéciale-

ment chargé de veiller au dépôt de la foi,
et à l'exécution des canons ; et qu'il a le
droit de convoquer les conciles, lorsqu'il
s'élève dans l'Église quelque grave erreur ;
de censurer et de réprimander les évêques
tièdes et négligens dans l'exercice de
leurs devoirs ; et généralement de prendre,
pour la propagation et la conservation de
la foi catholique, toutes les mesures qu'il
jugera nécessaires. Cette interprétation pa-
raîtra surtout, de la part des évêques, bien
pleine de soumission et de modération,
lorsque, successeurs des apôtres comme
le pape l'est de saint Pierre, ils peuvent
alléguer, en faveur de leur autorité, des
textes aussi précis que ceux-ci.

« 1° Allez et enseignez toutes les nations,
» les baptisant au nom du Père et du Fils
» et du Saint-Esprit, et leur enseignant à
» garder tout ce que je vous ai commandé.
» Allez dans tout l'univers, prêchez l'Évan-
» gile à toute créature ; celui qui croira
» sera baptisé et sera sauvé, celui qui ne
» croira pas sera condamné, tout ce que
» vous lierez sur la terre sera lié dans le

»ciel, et tout ce que vous délierez sur la
» terre sera délié dans le ciel.

» 2° Tout pouvoir m'a été donné au ciel
» et sur la terre, comme mon Père m'a en-
» voyé, je vous envoie.

» 3° Je prierai mon Père, il vous enverra
« un autre consolateur (l'esprit de vérité)
» qui demeurera avec vous jusqu'à la con-
» sommation des siècles.

» 4° Recevez le Saint-Esprit.

» 5° Lorsque vous serez assemblés deux
» ou trois en mon nom, je serai au milieu
» de vous.

» 6° Les princes des nations dominent sur
» elles, mais il n'en n'est pas ainsi de
» vous. »

Lors, dis-je, que les évêques peuvent in-
voquer en leur faveur de pareilles autorités, il n'est pas étonnant qu'ils croient
et qu'ils proclament, avec M. l'évêque
d'Hermopolis, *que l'autorité suprême dans
la société spirituelle réside dans l'épiscopat.*

Faudrait-il d'ailleurs d'autres preuves
pour démontrer la vérité de cette proposition, que la convocation même des conciles, convocation si fréquente dans les

premiers temps de l'Église, alors que l'on
était près de la tradition des apôtres,
c'est-à-dire de la pensée vivante de Jésus-
Christ?

En quoi ces conciles pouvaient-ils être
utiles, si le pape possédait en lui-même
le pouvoir de décider infailliblement les
questions de foi? de quelles lumières
avait-il besoin, lorsque Jésus-Christ était
avec lui? quelle voix aurait osé se mêler
à l'organe du Saint-Esprit? Il est donc
évident que les évêques qui ont consenti
à se réunir en concile, n'ont jamais cru
à l'infaillibilité du pape; et que les papes,
qui les ont convoqués, n'y ont jamais cru
eux-mêmes.

Si le pape est infaillible, les évêques,
assemblés au nom de Jésus-Christ, ne le
sont pas moins sans doute d'après les passages que j'ai cités plus haut. Il y aurait
donc dans l'Église deux infaillibilités. Où
serait alors la parole de Dieu, si le concile
et le pape n'étaient pas d'accord?

Au reste peu importe encore une fois à
la France politique les opinions que quelques théologiens peuvent se former sur ces

questions ; mais ce qui lui importe, c'est de ne confier aucune autorité aux prêtres qui ne sont point dans sa communion.

Lorsqu'il a été déclaré par l'art. 6 de la Charte que la religion catholique, apostolique et romaine était la religion de l'Etat, le législateur a entendu parler de la religion catholique, telle que la France l'avait toujours professée ; c'est-à-dire, de la religion catholique définie par la déclaration de 1682, et non d'une autre religion catholique faite par la cour de Rome, dans le seul intérêt de sa puissance.

C'est à l'Eglise gallicane que l'état accorde une protection particulière à cause de la pureté de sa morale et de la sainteté de sa doctrine ; ce sont ses ministres seuls dont il a intérêt à relever la dignité, pour la rendre plus respectable aux yeux du peuple ; eux seuls, dont il appelle les plus éminens à la Chambre des pairs ; eux seuls enfin, à qui il reconnaît un rang politique.

Le gouvernement doit donc interdire, avec le plus grand soin, dans les séminaires, l'enseignement de toute autre doctrine que celle de la déclaration de 1682, et surtout

il doit se faire une loi de ne conférer aucune dignité ecclésiastique qu'aux prêtres
qui auraient expressément adhéré à cette
déclaration. Comment concevoir en effet
qu'on puisse confier la direction des con-
sciences à des hommes, quelque respecta-
bles qu'ils soient d'ailleurs, qui, imbus
des maximes de l'ultramontisme, se ser-
viraient de leur autorité pour prêcher aux
peuples une doctrine religieuse directement contraire à celle de l'État?

Mais, dira-t-on, lorsque tous les cultes
sont permis en France, le culte catholique,
tel que l'entendent les ultramontains, sera-
t-il donc le seul qui soit proscrit?

Non sans doute, pas plus que ne le sont
tous les autres cultes chrétiens.

Que les ultramontains qui sont hors de
la religion de l'Etat, se présentent à l'autorité comme formant une nouvelle secte
chrétienne, et qu'ils lui demandent la liberté d'exercer leur culte; nul doute qu'ils
ne doivent y être autorisés, en restant
néanmoins soumis aux peines prononcées
contre ceux qui, par leurs discours, ou par
leurs écrits, se rendent coupables d'atta-

ques contre l'autorité royale; mais qu'ils aient la prétention de faire partie du clergé français, de le diriger dans ses études, ou de le gouverner dans l'exercice de ses fonctions, voilà ce qui ne peut se tolérer, et qui ne peut manquer d'amener, soit la corruption générale de l'Eglise de France, soit sa séparation violente, et à jamais déplorable, d'avec le Saint Siége.

Que l'on vante maintenant les avantages politiques qui résulteraient, pour toutes les nations chrétiennes, de reconnaître le pape pour l'arbitre commun de leurs différends, et même pour l'arbitre de leurs démêlés intérieurs; que l'on peigne avec éloquence la paix et le bonheur que procurerait au monde cette confiance générale dans le père commun des fidèles; que l'on montre les peuples ramenés à l'âge d'or, unis désormais entre eux par des liens indissolubles, et garantis également de l'anarchie et du despotisme : j'ouvrirai volontiers mon cœur à ces douces illusions. J'avouerai que c'était une grande et belle idée, plus faite qu'aucune autre pour séduire les âmes tendres et passionnées, que celle de ce pouvoir régulateur qui, dominant à la fois et les peuples et les rois, aurait brisé leurs fureurs et leur ambition, et les eût forcés à la paix et au bonheur. Dans l'impossibilité de donner à ce pouvoir suprême aucun moyen physique pour faire exécuter ses décisions, c'était encore une pensée sublime, de le placer dans le ciel, de faire du pontife qui en était investi le vicaire de Dieu sur la terre, et de l'armer de tous ses foudres. L'ignorance et la naïveté des peuples permirent un moment de réaliser ce système, que les papes essayèrent ensuite de soutenir à force d'audace. Mais lorsque les progrès de la civilisation eurent commencé à dissiper les ténèbres dans le sein desquelles l'Europe croyait sans examen, et obéissait sans murmure ; lorsque la foi demanda des autorités ; alors il fallut se résoudre à torturer les paroles de Jésus-Christ ; et la suprématie temporelle du pape, établie par une prévoyance humaine, et dans un intérêt purement humain, s'évanouit devant la morale et les règles toutes spirituelles de l'Évangile.

Nous tenons donc en France pour maximes incontestables , savoir : en matière
temporelle, que la souveraineté réside dans
le roi et le peuple légalement représenté ;
et en matière spirituelle ; 1° que la souveraineté temporelle, suivant l'institution divine , est complètement indépendante de
la puissance spirituelle ; 2° que le jugement du pape n'est pas infaillible , et peut
être réformé par l'autorité supérieure des
conciles.

Ces maximes sur lesquelles reposent la
gloire et la prospérité de la France on
toujours été professées par tous les corps
de l'État, mais par aucun avec plus de
vigueur et de persévérance que par la magistrature. Pleine d'un égal respect pour
les droits légitimes du prince, l'autorité
spirituelle du pape et les libertés du
peuple, elle a défendu, dans tous les
temps, avec une énergie qui ne s'est jamais démentie, et la religion contre les
impies ; et le prince contre les perturba-
teurs de l'ordre établi; et le peuple contre
l'ambition des ministres, et les corruptions
des courtisans. Mais sachant aussi distin-

guer avec sagacité ce qui appartenait à l'Église de Jésus-Christ, d'avec les prétentions de la cour de Rome, elle n'a pas mis moins de soin à préserver le prince et les peuples à la fois, de l'humiliation d'un joug étranger, et des exactions de tous genres qui en eussent été la suite. Son zèle contre lesquels les ultramontains savent bien qu'ils ne prévaudront jamais l'a rendue l'objet de leur haine implacable. Désespérant de réussir dans leurs projets, tant que la magistrature aura moyen de les déjouer, ils ont résolu de saper les bases de son autorité ; et la prochaine session est principalement destinée à ce but. Nous allons exposer les trois plans qu'ils ont successivement discutés, et sur l'un desquels ils ont dû définitivement arrêter leur choix. Après avoir fait connaître dans quelles intentions coupables ces plans ont été conçus, ce sera désormais à ceux que leurs talens appellent à diriger l'opinion publique, ou leurs hautes fonctions, à veiller sur nos intérêts, de défendre nos lois et nos libertés de l'attaque violente qui se prépare contre elles. Quant

à nous, assis sur le sommet de la montagne, il ne nous restera plus qu'à tenir,
comme Moïse, nos bras élevés vers le
ciel, en gémissant de ne pouvoir combattre dans leurs rangs, pour le salut de
l'Église de France, et l'indépendance de
la couronne.

CHAPITRE IV.

DE LA MAGISTRATURE.

DE même que l'on voit des plantes s'élever dans certains climats à une hauteur inconnue partout ailleurs, de même aussi il existe des institutions qui, plus appropriées au génie de certains peuples, s'y développent avec une grandeur et une majesté dont on n'aurait jamais pensé qu'elles portassent le germe en elles-mêmes.

Telle est en France la magistrature. Les hautes qualités qui constituent cette profession, l'intégrité, le courage, et le désintéressement, sont des vertus inhérentes, pour ainsi dire, au sol français ; et l'on peut avancer avec assurance que, quelques coups du sort qui puissent atteindre les magistrats, jamais la magistrature ne périra en France. Que, victimes d'un nouveau fanatisme, les membres des cours et des tribunaux soient encore dévoués à la mort ; que ceux d'entre eux qui auront échappé aux poignards se voient forcés de fuir une patrie ingrate, la magistrature nouvelle saura bientôt retrouver dans les débris de l'ancienne, le feu sacré qui l'animait, et consoler les peuples par le développement des mêmes vertus.

Eh ! dans quel temps cette vérité s'est-elle manifestée avec plus d'éclat que dans le siècle où nous vivons ! A peine une ombre de magistrature a-t-elle été rétablie en France, que la sagesse de ses décisions et son respect pour la loi, quelque imparfaite qu'elle fût encore, ont ramené les esprits vers ces idées d'ordre et de justice qui ont fini par triompher de l'anarchie. Au milieu de la corruption générale qui s'était emparé de la société, et de ce scepticisme politique qui faisait désespérer du rétablissement d'aucune règle fixe, c'est par les exemples admirables de la magistrature, c'est par sa résistance à la tyrannie, et surtout par sa fermeté à tenir la balance égale entre touts les partis et toutes les opinions, que l'aurore d'un gouvernement régulier a

pénétré en France, et que la nation, dé-
couragée par tant d'excès et d'injustices, a
recommencé à croire à la probité et à la
vertu.

Honneur à ces dignes magistrats qui ont
rendu à leur patrie la confiance et la paix !
Nés pauvres, ils moururent pauvres, après
avoir réglé les intérêts les plus importans
qui aient peut-être été soumis à la décision
des hommes ; et leur tombe modeste, symbole de la pureté de leur vie, n'est pas
moins glorieuse à la France que les monumens pompeux élevés à ses héros.

De tous les corps de l'État ce fut, après
le clergé, celui de la magistrature qui, le
premier, perça la nuit profonde dans laquelle l'Europe se trouva plongée après
l'invasion des barbares. Voué par état à
la méditation et au travail, ses progrès
dans les sciences furent rapides, et bientôt
il égala le clergé lui-même dans la connaissance des lettres latines, de l'histoire du
droit romain et même du droit canonique.
A peine les nouvelles lumières acquises par
la magistrature lui eurent-elles permis de
s'élever au-dessus des mœurs et des usages

que la rudesse et la grossièreté des peuples germains avaient introduits en France, qu'elle forma le projet de réunir toutes les provinces relevant de la couronne sous un seul et même pouvoir politique, et de mettre ce pouvoir à l'abri de toute influence étrangère. En un mot, la magistrature s'imposa la noble tâche d'anéantir successivement la puissance usurpée des hauts barons et des seigneurs, de protéger leurs vassaux contre celles de leurs prétentions qui n'étaient point fondées sur des titres incontestables, et surtout de défendre la couronne contre les usurpations du clergé dont elle ne tarda pas à découvrir les projets ambitieux.

Bientôt même une plus grande idée s'offrit à l'esprit de la magistrature ; ce fut, en même temps qu'elle s'efforçait d'établir le pouvoir royal sur les ruines de ces souverainetés privées qui désolaient le royaume, de former, pour le peuple français, un code de droits et de franchises qui pût le défendre à son tour contre l'abus de ce pouvoir. C'est ainsi que, pendant la lutte que la couronne soutenait contre ses grands vassaux, la magistrature eut soin de profiter de toutes les circonstances favorables pour lui arracher à elle - même quelques-unes de ses usurpations sur les anciennes libertés de la nation.

Dans l'impossibilité où se trouvaient les parlemens d'obtenir de la royauté, victorieuse de tous les obstacles qui s'étaient jusqu'alors opposés à son pouvoir, qu'elle instituât en France une véritable représentation nationale ; ils la forcèrent du moins à reconnaître comme règle générale du gouvernement, et cela bien plus dans l'intérêt de l'Etat que dans leur intérêt particulier, qu'à l'avenir, aucun impôt ni aucune loi ne seraient établis sans le consentement des cours souveraines ; qu'aucun bref, aucune bulle du pape ne seraient publiés sans leur approbation ; et qu'enfin elles auraient le droit de porter au pied du trône les doléances des peuples sur la mauvaise administration du royaume, de surveiller l'action de la police, et de maintenir le clergé dans les strictes limites de sa puissance spirituelle.

Si donc il est vrai de dire que la France

doit au clergé d'avoir adouci sa férocité, poli ses mœurs et développé son génie , il est vrai de dire aussi qu'elle doit à la magistrature, d'avoir réuni ses membres épars dans un seul corps de nation , d'avoir reconquis et conservé ses anciennes franchises, et d'avoir préparé sa liberté.

Entre ces divers bienfaits, également importans pour la France, ceux qui lui ont été rendus par les parlemens, ont inspiré au peuple une reconnaissance plus vive, et ont laissé dans son cœur des traces bien plus profondes que ceux qu'il a reçus du clergé. Il n'en pouvait être autrement. Un peuple, depuis long-temps célèbre entre tous les autres par les grâces de son esprit, l'élégance de ses mœurs, et l'étendue de son génie, ne peut, dans tout l'éclat de sa gloire et de sa renommée, reporter ses regards qu'avec peine sur les temps honteux de sa première ignorance. Les bienfaits de la magistrature au contraire, se faisaient sentir tous les jours à une nation continuellement en butte à tous les genres d'oppressions. Sans cesse, les parlemens avaient à réprimer quelque usurpation de la

cour de Rome, à flétrir quelque doctrine
séditieuse et à s'opposer, soit à des impôts
onéreux, soit aux actes désastreux d'une
administration incapable, soit à l'établissement de commissions créées pour satisfaire les passions du pouvoir, soit aux
exactions de la noblesse, soit au despotisme
du haut clergé contre le clergé inférieur,
soit enfin à tous les excès du fort contre le
faible.

Aussi la seule opinion qui ait peut-être
survécu en France au désordre qui s'est
introduit dans toutes les doctrines politiques, c'est celle qui place encore aujour-
d'hui l'autorité judiciaire à la tête des garanties sur lesquelles reposent nos libertés
civiles et religieuses.

Je dis *encore aujourd'hui*, parce que, dans
l'état d'instabilité où se trouvent nos institutions nouvelles, il n'est personne qui ne
sente la nécessité d'avoir derrière elles de
grands corps de magistrature, sur lesquels,
en cas d'attaques trop vives, la liberté puisse
se replier : le secours de la magistrature
serait alors d'autant plus précieux qu'elle

possède, dans la nature même de ses fonctions, des moyens de résistance à la tyrannie plus efficaces peut-être et plus redoutables que ceux que pourraient présenter les deux chambres législatives elles-mêmes. On peut concevoir en effet qu'avec des gendarmes et des garnisaires, un gouvernement résolu à tout braver et à tout soumettre, pût réussir, jusqu'à un certain point, à faire payer les impôts qu'il aurait arbitrairement établis; mais on ne voit pas aussi facilement comment il parviendrait à triompher des obstacles dé tous genres que les cours royales pourraient susciter à sa marche.

La puissance de la magistrature est donc intimement liée à la conservation de nos libertés; et, quoiqu'en général, l'étendue plus ou moins grande de cette puissance n'ait pas un rapport direct avec les autres dispositions de la Charte, il est certain néanmoins que, dans les dangers qui la menacent de toutes parts, on ne peut vouloir diminuer l'autorité des tribunaux que dans un esprit d'inimitié contre la Charte elle-même.

Cette autorité n'est pas seulement judiciaire, et ne se borne pas à entretenir la paix dans les familles et à maintenir chaque citoyen dans la possession de ce qui lui appartient; la magistrature tient encore, des lois actuelles, des attributions politiques de la plus haute importance.

La première consiste dans le droit qui appartient à chacune des chambres des cours royales de demander l'assemblée générale de la cour, soit pour s'occuper d'affaires d'ordre public dans le cercle des attributions des cours en général . soit pour entendre la dénonciation d'un de ses membres sur un objet du même ordre.

Au moyen de cette attribution, les cours se trouvent en état de surveiller, dans leurs ressorts, l'administration de la justice ; de maintenir leur rang et leur autorité contre tout acte administratif ou ministériel qui pourrait y porter atteinte, et d'assurer l'exécution des lois, autant du moins que le législateur leur en a laissé le pouvoir.

Mais ce que cette attribution renferme

de plus important pour la liberté publique, c'est qu'elle constitue, pour ainsi dire, chaque membre des cours royales le tuteur de ses concitoyens, qu'elle l'autorise à recevoir leurs plaintes et à dénoncer tous les crimes et délits qui auraient été commis contre leurs personnes, contre leurs biens, contre leurs droits politiques, et que, par des motifs quelconques, le ministère public n'aurait pas poursuivis. Ainsi, non-seulement les malfaiteurs, mais même tous les fonctionnaires publics qui auraient fait ou ordonné quelque acte arbitraire et attentatoire, soit à la liberté individuelle, *soit aux droits civiques d'un ou de plusieurs citoyens, soit à la Charte,* doivent s'attendre à trouver, dans chaque magistrat de cour souveraine, un surveillant inflexible toujours prêt à leur faire rendre compte des crimes ou délits dont ils se seraient rendus coupables.

C'est ainsi que l'on a vu, au mois d'août dernier, la cour royale de Paris se réunir en assemblée générale pour examiner l'état de la législation par rapport aux jésuites et les mesures qu'elle était autori-

sée à prendre à l'égard de leurs établissemens (1).

C'est encore ainsi que l'on a vu depuis
la cour royale de Nanci, sur la dénonciation d'un de ses membres, déclarer M. l'é-
vêque de cette ville coupable des délits
prévus par les articles 201 et 204 du code
pénal, et ne suspendre à son égard l'application de la peine qu'il avait encourue,
que par respect pour sa haute dignité (2).

----

(1) Les cours royales, n'étant point chargées,
comme l'étaient autrefois les parlemens, de l'exécution des lois, mais seulement de punir les infractions qui y sont faites lorsqu'il y a des peines
prononcées contre ces infractions ; et le décret
du 3 messidor an XII, qui défend de nouveau aux
jésuites de former en France des établissemens,
ne prononçant aucune peine contre ceux qui se
réuniraient en congrégations au mépris de ses dispositions, il s'ensuit que la cour royale de Paris
n'a pu que constater l'existence illégale des maisons de jésuites qui se sont élevées depuis quelques
années, mais qu'elle n'a pu ordonner, ni la clôture
de ces maisons, ni même aucunes poursuites
contre ceux qui les dirigeaient.

(2) La cour, à la majorité de quinze contre neuf,
a pris une délibération dont voici la substance :

La seconde attribution politique des cours
royales, est celle qui leur confère le jugement de tous les crimes et délits de la
presse, attribution qui les rend dépositaires du droit le plus précieux des citoyens
et de l'instrument le plus puissant de la liberté publique ; et qui, de plus, leur présente encore des occasions fréquentes de

---

1° La Cour déclare qu'elle est compétente (ce
que plusieurs membres avaient d'abord contesté);

2° Que les passages dénoncés du mandement
de M. l'évêque de Nanci relatif au jubilé constituent les crimes et délits prévus par les articles
201 et 204 du code pénal ;

3° Que le mandement suffit seul pour prouver
la culpabilité de M. l'évêque ;

Mais, prenant en considération les hautes fonctions de M. l'évêque de Nanci ;

Considérant, d'un autre côté, qu'il n'y a ·pas
d'urgence à poursuivre la répression des délit et
crime sus-énoncés ;

La cour déclare que, *quant à présent*, il n'y a
lieu à poursuivre, et arrête néanmoins qu'une expédition de la délibération sera adressée au garde
des sceaux, pour qu'il puisse donner à cet égard
tels ordres qu'il jugera convenables.

développer les véritables principes de notre droit public et religieux, comme la Cour royale de Paris l'a fait dans ses célèbres arrêts des 3 et 5 décembre 1825.

De ces deux attributions importantes, que les jésuites et la congrégation ont résolu d'enlever à la magistrature, la première leur a paru pouvoir lui être conservée quelque temps encore sans inconvénient, parce qu'en dernière analyse, elle ne peut s'exercer que contre quelques actes particuliers de l'administration ; mais il n'en est pas ainsi de celle qui concerne la répression des délits de la presse.

La congrégation a le sentiment trop intime de la défiance générale dont elle est l'objet, pour n'être pas convaincue que cette défiance l'empêchera toujours de s'emparer du pouvoir, tant qu'elle sera entretenue par la révélation journalière de ses intrigues et de ses artifices. Elle veut donc, à tout prix, se rendre maîtresse de la presse, ou du moins enlever la connaissance des délits dont elle est la source à des corps intrépides, résolus à défendre contre tous les partis l'indépendance de leur prince et les libertés civiles et religieuses de leurs concitoyens.

Qui croirait que la congrégation a trouvé le moyen d'associer le ministère à ses funestes projets et à ses ressentimens contre la magistrature ?

S'il faut en croire des bruits qui paraissent assez fondés , trois plans auraient été remis , par la congrégation, au conseil des ministres qui en aurait adopté les bases , et se serait seulement réservé le droit de choisir celui des trois qui lui paraîtrait le moins difficile à soutenir dans les chambres. Voici quels sont les motifs qui doivent être présentés à l'appui de ce nouveau système de répression des délits de la presse.

Il a paru depuis quelque temps des livres abominables que les tribunaux se sont hâtés de flétrir ; il en a paru un surtout qu'il serait même coupable d'annoncer par son titre , tant il est rempli d'indignités et d'exécrables calomnies. Dans quel but ces livres ont-ils été composés ? sont-ils l'effet dégoûtant de la haine de leurs auteurs contre la religion , le trône et les citoyens qu'ils ont attaqués? ont-ils été publiés au contraire dans la vue de servir un parti? C'est ce qu'il a été impossible de découvrir.

Certes, d'après les doctrines perverses professées par les jésuites, doctrines qui ne leur sont point imputées seulement par leurs ennemis, mais qui ont été vérifiées par les princes et les tribunaux, et encore par le saint siége qui a supprimé leur so- ciété ; doctrines enfin qu'ils n'ont jamais hésité de mettre en pratique quand l'intérêt de leur ordre le leur a commandé ; il n'y aurait peut-être point de témérité à penser qu'ils ont eux-mêmes fabriqué toutes ces horreurs dans le dessein diabolique de s'en faire un jour une arme contre la liberté de la presse ; mais que ces écrits odieux soient en effet leur ouvrage, ou qu'il faille seu- lement les imputer à la perversité de leurs auteurs, toujours est-il qu'ils sont devenus le prétexte dont la congrégation et le mi- nistère comptent se servir pour effrayer les chambres sur l'impuissance des lois ac- tuelles

Ils doivent leur dire en outre que les

magistrats, habitués à vivre dans la retraite, se sont fait un monde à part qu'ils prennent pour le type de la société en général, et qu'ils sont en conséquence moins propres que tous autres citoyens à apprécier les impressions que certains libelles peuvent produire sur les esprits, puisqu'ils ignorent les dispositions secrètes des différentes classes de la société, leurs penchans, leurs répugnances et leurs illusions.

Ils diront encore aux chambres que la magistrature n'a pas perdu le souvenir de sa puissance passée; que peut-être elle aspire déjà, ou que du moins elle pourrait aspirer quelque jour à la reconquérir, et que la répression des délits de la presse est une arme d'autant plus dangereuse entre ses mains, qu'elle lui fournit les moyens de capter la faveur des peuples en flattant leurs passions, et de leur faire désirer le rétablissement de ses anciens priviléges.

Enfin, ils leur diront qu'il ne doit point y avoir, dans un état bien organisé, deux pouvoirs politiques qui pourraient devenir rivaux; que les chambres seules ont reçu de la Charte le droit de surveiller l'administration et de faire connaître au prince les besoins du peuple ; et que ce serait se dessaisir d'une partie de ce droit, que de laisser aux cours royales le pouvoir dangereux de donner des avertissemens, et presque des ordres, au gouvernement, comme l'a fait la Cour royale de Paris dans les motifs de son dernier arrêt contre les jésuites.

Après l'exposé de ces motifs, que l'on cherchera à fortifier encore par quelques considérations secondaires, le ministère doit proposer aux chambres l'un des trois projets suivans :

Ou l'établissement d'une haute cour de censure,

Ou l'établissement d'une loi qui autoriserait le gouvernement à poursuivre la répression des crimes et délits de la presse devant telle cour royale qu'il voudrait choisir, sans considération du domicile des prévenus,

Ou enfin le rétablissement du jury pour décider le fait de la criminalité de l'écrit et de la culpabilité de l'auteur ou de l'imprimeur.

Nous allons examiner successivement chacun de ces trois projets, et nous répondrons en mêmetemps aux argumens généraux sur lesquels on se propose de les appuyer. Commençons par l'établissement d'une haute cour de censure.

Des trois projets que je viens d'indiquer, c'est celui que la congrégation a le plus à cœur de faire adopter; et l'on n'en sera pas surpris quand on saura, qu'aux termes de ce projet, cette haute cour doit prendre rang avant toutes les cours du royaume, et qu'elle doit être composée de pairs, de députés et de hauts fonctionnaires publics auxquels, sous prétexte de les mettre à l'abri de toute autre ambition, il s'agit de donner des traitemens supérieurs à tous ceux qui existent aujourd'hui.

Mais ce projet, par cette raison même, est celui des trois pour lequel le ministère a le plus de répugnance.

Il est trop habile, en effet, pour ne pas s'apercevoir que, si le droit de statuer sur les délits de la presse constitue un pouvoir politique, et le plus grand peut-être qui existe dans un gouvernement représentatif, ce pouvoir serait certainement placé d'une manière bien plus redoutable pour les ministres, dans un corps aussi élevé en dignité que le serait la haute cour, qu'il ne l'est aujourd'hui dans les cours royales, dont toute l'ambition ne peut jamais consister qu'à conquérir le respect et la reconnaissance du peuple, en le défendant contre l'arbitraire de l'administration et le joug du clergé.

Il est encore facile de prévoir que la haute cour sentirait bientôt le besoin de se faire pardonner son pouvoir et de ramener à elle la faveur publique en laissant le champ le plus vaste à la discussion sur tous les actes du ministère; ou bien, qu'enflée de ce même pouvoir, elle aspirerait à gouverner elle-même, au moyen d'un ministère qui serait le résultat de la direction qu'elle aurait imprimée à la presse, ministère qu'elle soutiendrait ensuite contre tous ses antagonistes, par le même abus de son autorité.

Examinons maintenant ce projet sous le rapport du droit civil et politique, et il sera aisé de démontrer qu'on ne pouvait imaginer un mode de répression plus contraire à nos principes français sur l'administration de la justice.

C'est en effet une opinion généralement reçue en France , que l'autorité judiciaire est la seule autorité compétepte pour statuer sur toutes les questions qui intéressent l'honneur, la vie, la liberté ou la fortune des citoyens. On connaît l'horreur de nos pères pour les commissions , et l'indignation universelle que le sénat excita de nos jours, lorsque, sur un ordre de l'empereur, il eut la faiblesse d'annuler l'arrêt qui prononçait l'acquittement du maire d'Anvers. Telles sont, à cet égard, nos mœurs nationales : jamais les Français ne regarderont comme jugement en ces sortes de matières, que ceux qui seront rendus par leurs magistrats ; tous les autres , quelque justes qu'ils puissent être au fond, seront toujours frappés par eux de réprobation , et considérés comme des actes de tyrannie ou comme des assassinats.

C'est donc incontestablement à la magistrature qu'appartient la connaissance des délits de la presse , puisqu'ils peuvent entraîner des emprisonnemens et des amendes. Sous quel prétexte voudrait-on les faire sortir du droit commun et les soumettre à des tribunaux d'exception?

Les tribunaux d'exception n'ont jamais été établis que dans deux cas particuliers : ou dans l'intérêt évident d'une certaine classe de citoyens, comme les tribunaux de commerce ; ou, comme les tribunaux militaires, dans l'intérêt évident aussi d'un service public qui serait paralysé si ceux qui y sont attachés restaient soumis à la juridiction ordinaire. Je ne parle pas des tribunaux administratifs, qui sont de véritables usurpations sur le pouvoir judiciaire, et desquels le pouvoir législatif fera nécessairement justice lorsque nos mœurs constitutionnelles seront plus formées.

Osera-t-on maintenant pousser la dérision jusqu'à soutenir qu'il est de l'intérêt des écrivains d'être soustraits à leurs juges naturels, et livrés à des tribunaux d'exception? Non, sans doute. Dira-t-on qu'aucun ministère ne pourra jamais conserver la confiance publique si les délits de la presse ne sont pas sévèrement réprimés ? Alors on rentre dans la question de l'inaptitude de la magistrature à apprécier ce genre de délit.

Or, est-ce bien après les preuves multipliées que les magistrats donnent tous les jours de leur sagacité dans ces sortes de matières, est-ce après les services immenses qu'ils ont rendus à la couronne dans ces derniers temps, qu'on aurait l'extravagance de venir les accuser d'incapacité ? quel effet attend-on d'une si indigne accusation ? Pour toute réponse, un magistrat se lèverait du milieu de la Chambre des députés ; et s'adressant à ses collègues, il leur dirait, comme autrefois Scipion au peuple romain : Il y a aujourd'hui un an que la magistrature a sauvé la France (1).

Si la plupart des magistats se soustraient aux dissipations du monde pour donner

---

(1) Les arrêts du Constitutionnel et du Courrier, sont du 3 et 5 décembre de l'année dernière.

plus de temps au travail et à la méditation, ils n'en étudient pas moins , et la marche du siècle , et l'esprit de nos nouvelles institutions. Ils savent bien que la nature de leurs devoirs a changé, et qu'il ne s'agit plus pour eux de constituer, pour ainsi dire, la nation , en l'absence des états généraux , et de faire reconnaître les libertés. La constitution actuelle de la France , fruit de la sagesse royale , est irrévocablement fixée aujourd'hui ; les états généraux , sous une forme plus appropriée aux besoins des temps , sont rentrés dans leurs anciens droits , et la magistrature , satisfaite de les leur avoir conservés, à travers tant de siècles, par son courage et sa persévérance , n'a plus maintenant d'autre ambition que d'aider les chambres à les soutenir , en proclamant, dans toutes les occasions , les principes qui leur servent de base , et en veillant strictement à l'observation des lois qui en sont les conséquences.

On sait bien, au fond, que la magistrature n'a pas et ne peut avoir d'autres pensées ; on sait bien encore, qu'avec la juste idée que le peuple s'est faite d'une représenta-

tion nationale, la magistrature ne peut plus
se reconnaître les élémens d'une pareille
représentation ; mais on espère cacher,
sous ces accusations mensongères, la haine
qu'on lui porte précisément à cause des
vertus qu'on devrait le plus s'applaudir de
rencontrer en elle : son intégrité, sa fermeté et son indépendance.

Que l'on voie cependant quelles pourraient être les suites d'une première atteinte portée au pouvoir judiciaire.

Les écrivains qui se rendent coupables
d'un délit de la presse, ne font autre chose
qu'abuser d'un droit naturel et politique,
comme l'est celui de se marier, d'acheter,
de vendre et de former toute espèce de
contrats. Si donc, et sous le vain prétexte
des dangers qui peuvent résulter des abus
de la presse, on en soumettait la répression à un tribunal particulier, qui empê-
cherait qu'un jour, sous cet autre prétexte,
déjà employé autrefois, que la violation des
lois du mariage et des formalités nécessaires à sa validité est une violation de la loi de
Dieu, on n'attribuât aussi toutes les contes-

tations de ce genre aux tribunaux ecclésiastiques? Ainsi, l'honneur, la liberté, la fortune et l'état civil des citoyens, n'auraient
plus exclusivement pour garantie l'inamovi-
bilité et l'inexpérience de leurs magistrats:
ces grands intérêts seraient aussi réglés,
dans un grand nombre de cas, par des pairs
et des évêques, juges, dignes sans doute
d'autant de respect, mais placés hors du
cercle des intérêts communs, habitués à
vivre au milieu des rivalités de tous genres,
et livrés eux-mêmes à des idées de grandeur et d'ambition, qui leur font voir les
choses sous un esprit tout-à-fait particulier.

Passons maintenant au second projet.
C'est ici que se manifeste, dans toute son
énergie, la haine de la congrégation contre
la Cour royale de Paris.

Aux termes de la loi du 26 mai 1819,
et dans le cas où les formalités prescrites
aux imprimeurs par les lois et les règle-
mens concernant le dépôt, ont été rem-
plies, les poursuites à la requête du ministère public ne peuvent être faites que

devant le juge du lieu où le dépôt a été opéré, ou de celui de la résidence du pré-venu.

La conséquence de cet article, dont les dispositions ont été maintenues par toutes les lois postérieures, est, que presque toutes les poursuites en matière de délits de la presse, sont faites devant les juges de Paris, et que notamment, tous les procès en tendance, autorisés contre les journaux ou écrits périodiques par la loi du 17 mars 1822, sont portés devant la cour royale de Paris.

C'est cette terrible conséquence qui fait le désespoir de la congrégation, et dont elle veut s'affranchir à tout prix, parce qu'elle la regarde, avec juste raison, comme un obstacle insurmontable au succès de ses desseins. Les jésuites, qui la dirigent, savent bien que la Cour royale de Paris laissera toujours une libre carrière à l'investigation de toutes leurs intrigues et à la réfutation de leurs doctrines impies, et qu'elle ne confondra jamais l'intention légitime de s'opposer aux envahissemens de la cour de Rome, avec celle de déverser le mépris sur la religion. Mais, espérant trouver dans les autres cours une connaissance moins précise de toutes leurs machinations, ils ont imaginé d'attribuer à toutes les cours royales une compétence spéciale pour juger tous les délits de la presse, sans égard au lieu du dépôt de l'écrit incriminé, ni à celui de la résidence du prévenu.

On sent, à la seule énonciation d'une pareille disposition, tout ce qu'elle aurait de révoltant et de contraire au droit sacré de la défense. Quoi ! sous le prétexte qu'un délit commis par la voie de la presse, attaque la société et trouble l'ordre qui la régit dans tous les lieux où l'écrit incriminé peut se faire jour, un citoyen pourrait être arraché à sa famille, à ses plus pressans intérêts, et contraint de faire, ou de faire faire à son avocat, un voyage de deux cents lieues ! il pourrait être entraîné dans des frais considérables qui absorberaient peut-être une partie de sa fortune, frais qui, d'après nos usages, ne lui seraient pas remboursés, même en cas d'acquittement ; et cela, lorsque dans le lieu même de sa résidence, il existe des juges, institués

par le prince et revêtus de sa confiance !
Que dans le cas où un écrivain s'est ou-
blié jusqu'à diffamer un de ses concitoyens,
il puisse être traduit devant le juge du domicile de ce dernier, la raison et la justice
l'exigent également, parce que c'est dans
le lieu même que chaque citoyen habite,
qu'il a le plus d'intérêt de conserver sa réputation et d'obtenir réparation de toutes
les atteintes qu'on y a portées. Mais lorsque c'est la société qui a été offensée, ne
lui suffit-il pas que son injure soit vengée,
et quel besoin peut-elle avoir que la peine
soit prononcée contre le coupable , dans
tel lieu plutôt que dans tel autre?

Comment la liberté de la presse pourrait-
elle survivre à une pareille législation, et
quel journaliste oserait jamais se permettre
la moindre observation sur les actes du ministère, lorsque, sur la simple requête du
procureur général, et sans qu'il soit même
besoin d'un arrêt de mise en accusation,
ce journaliste pourrait être appelé devant
la Cour royale la plus éloignée de son domicile, pour s'y défendre sur l'esprit et la
tendance de son journal ?

A-t-on bien senti tout ce qu'une pareille loi renferme d'injurieux à un corps
de magistrature aussi respectable par ses services et aussi haut dans l'opinion publique,
que la Cour royale de Paris? Croit-on que la
France reconnaissante la laisse aussi gros-
sièrement insulter? Comment! parce qu'elle
n'a pas partagé la fureur de la congrégation
contre deux journaux qui ont dévoilé ses
artifices et ses efforts impies pour abrutir
l'esprit des peuples, et les replonger dans
les ténèbres de la superstition; parce que,
s'acquittant noblement de son devoir envers le prince et la patrie, elle a déclaré, à
la face de la France et de l'Europe, que la
doctrine des jésuites était incompatible
avec l'indépendance de tout gouvernement,
et surtout avec les principes de la Charte
constitutionnelle qui fait aujourd'hui la
base de notre droit public, on osera la
proclamer indigne désormais de connaître
des matières où la religion, la morale et la
royauté se trouvent intéressée! Et le ministère, dans le secret espoir de se délivrer
à l'avenir de toute contradiction, pourrait
prêter son appui à une pareille indignité?

Mais comment s'aveuglerait-il au point
de ne pas voir que son projet de loi ne serait pas moins injurieux à toutes les cours
de France qu'à la cour de Paris elle-même?
Quel est le corps de magistrature qui ne
s'indignerait en effet de se voir publiquement signalé comme l'instrument certain
des vengeances ministérielles? Quel est le
magistrat que le ressentiment d'une pareille injure ne poursuivrait pas pendant
tout le cours du procès ; et de quel incroya-
ble ridicule les ministres ne seraient-ils
pas couverts si la cour même qu'ils auraient
choisie pour y porter leur action venait à
la déclarer téméraire et mal fondée ?

Quelle est d'ailleurs cette nouvelle distinction, présentée avec tant d'assurance ,
entre les délits de la presse et tous les
autres genres de délits. Tous les crimes ne
sont-ils pas une atteinte à l'ordre public
dans toute l'étendue de la France, et une
violation des lois du pays? La société n'en
est-elle pas également troublée? Pourquoi
donc alors avoir pris tant de soins pour régler la compétence des juges qui devaient
en connaître, et pourquoi ne pas déclarer

aussi toutes les cours d'assises également aptes à les juger, suivant qu'il plairait au gouvernement de les leur renvoyer?

Tous ces efforts du ministère pour s'assurer des condamnations sous l'apparence de la justice, sont vraiment misérables. Quand on veut se donner contre les libellistes les avantages d'une décision judiciaire, il faut savoir se soumettre à toutes les conditions qui constituent un jugement. Ce n'est pas parce qu'un acte commence par ces mots : *Notre cour de N a rendu l'arrêt suivant*, que cet acte est un arrêt ; c'est parce qu'indépendamment des autres formalités exigées par la loi, il a été rendu par les juges naturels des parties. Or, il n'y a pas de juge naturel, s'il n'a été désigné d'avance par la loi ; et l'on ne peut regarder comme une désignation, une attribution générale à tous les juges du royaume.

Encore, s'il était permis aux deux parties de déterminer entre elles le tribunal auquel l'affaire devrait être portée, ou si, faute par elles de s'accorder sur ce point, le choix du tribunal devait être remis au sort, on pourrait comprendre, jusqu'à un certain point , un pareil mode de procédure , sauf toutefois la grossière insulte faite au tribunal du lieu , insulte qu'aucun motif ne pourrait jamais excuser. Mais qui pourra jamais concevoir que ce soit à une des deux parties seulement , qu'on veuille accorder le droit de choisir le tribunal , et que cette partie soit.... tout le monde va dire l'accusé ; non , l'accusateur ! il faut que la haine contre la Cour royale de Paris ait étrangement troublé la raison des inventeurs d'un pareil projet !

Le troisième projet de loi se présente, il est vrai , sous un aspect moins odieux , puisqu'il a pour objet de rendre aux jurés l'appréciation des délits de la presse; mais on croira facilement qu'il n'aurait été, ni conçu par la congrégation, ni accueilli par le ministère, s'ils n'espéraient , l'un et l'autre, y trouver un moyen certain d'influer sur le jugement de ce genre de délits.

Ce n'est pas une idée nouvelle que celle de charger les jurés de l'appréciation des délits de la presse. La loi du 26 mai 1819 leur avait déjà conféré cette attribution ; mais comme alors, on n'avait point encore

osé contre la nation tout ce que l'on a osé
depuis, les listes des jurés, quoique composées en général de personnes dévouées
à l'administration, renfermaient cependant
encore des hommes indépendans , que
le sort, loyalement consulté par les prési-
dens d'assises, faisait entrer ensuite dans
les jurys de jugement. Il est résulté de ce
mode de procédure , un grand nombre
d'acquittemens ; et, dans ce nombre, il est
possible qu'il s'en soit trouvé quelques-uns
qui aient affligé les bons citoyens. Tel a été
le motif qui a porté le ministère actuel à
rétablir les délits de la presse dans les attributions des cours et des tribunaux; et
si, malgré cette faiblesse éprouvée des jurés,
à laquelle lui-même a cru devoir porter remède , il veut aujourd'hui leur rendre la
connaissance des délits de la presse , c'est
qu'aidé en cela par la congrégation , il se
sent assez fort pour imposer aux préfets des
jurés de son choix. Les nouvelles cours
d'assises ne seront donc plus que des espèces de commissions : c'est-à-dire qu'elles
rentreront dans l'ordre de ces tribunaux
nommés *ad hoc* par le gouvernement, et qui

forment l'unique objet que la congrégation ait en vue dans ses projets sur l'ordre
judiciaire , parce qu'ils sont les instrumens
les plus actifs de tous les genres de vengeance et de tyrannie.

Quand le jury sera organisé de manière
à offrir une garantie égale aux droits de la
royauté et à ceux des sujets ; lorsque les
listes seront composées par les cours royales
elles-mêmes, et non plus par les préfets ;
ou par des fonctionnaires nommés par le
gouvernement, il n'est personne qui ne voie
avec plaisir confier aux jurés le dépôt précieux de la liberté de la presse ; mais jusqu'a-
lors, il ne peut être remis, avec sécurité pour
tous , qu'entre les mains de la magistrature.

Tels sont les trois projets qui ont été
conçus par la congrégation, en haine de la
magistrature en général, et de la Cour
royale de Paris en particulier. La congrégation espère faire adopter l'un des trois,
dans la session prochaine ; mais, incer-
taine encore du succès de ses intrigues ,
elle s'attache à corrompre l'esprit de la magistrature, en y introduisant, autant qu'il
est en elle , le venin de ses doctrines.

Hélas! nos vieux magistrats, ces savans et honorables dépositaires des généreuses maximes de notre droit public, voient chaque jour leurs rangs s'éclaircir. Lorsque la mort s'apprête à frapper l'un d'entre eux, avant même que le coup fatal ne soit encore porté, la congrégation s'agite pour obtenir sa place, en faveur d'un de ses membres; déjà, s'il en faut croire des rapports qui paraissent incontestables, la congrégation a réussi à faire entrer quatre de ses affiliés dans la Cour royale de Nancy. Elle a sans doute obtenu les mêmes succès dans les autres cours du royaume. Que deviendra la monarchie, que deviendra l'Église de France, lorsque, chaque jour éclairant un nouveau triomphe des jésuites, les cours royales seront animées de toute la fureur du fanatisme ultramontain, lorsqu'elles nourriront dans leur sein, la haine du prince, de nos lois et de nos institutions; lorsque enfin, les yeux fixés sur Rome, comme sur le centre de tout pouvoir légitime, elles n'auront plus d'autre ambition que celle d'allumer le bûcher des victimes que les tribunaux ecclésiastiques, dans leur feinte

horreur du sang, leur enverront à im-
moler (1) !

Au lieu de ces projets funestes, destinés
à anéantir, avec le pouvoir de la magistrature, le plus ferme rempart des libertés
publiques, ne vaudrait-il pas mieux, jusqu'à ce que la cour des pairs ait acquis,
dans le royaume, toute l'influence qu'elle
doit avoir, et jusqu'à ce que la nomination
des membres de la chambre des députés
soit moins immédiatement dans la dépendance des ministres, étendre les attributions de la magistrature, pour la mettre en
état de rendre encore de plus grands services

Quel avantage, par exemple, la société
ne retirerait-elle pas du droit qui serait
conféré aux cours royales, comme il l'avait
été jadis aux parlemens, de présenter au
prince un certain nombre de candidats
pour chacune des places qui viendrait à

____

(1) Le 31 juillet dernier, un juif a été condamné
à Valence par les tribunaux civils à être brûlé vif,
après avoir été déclaré hérétique par les tribunaux
ecclésiastiques.

vaquer dans leur sein ? Quelle plus sûre
garantie le gouvernement pourrait-il avoir
de ne jamais se tromper dans ses choix?
Qui ne connaît le soin que prennent les
cours royales , à la formation des listes
qu'elles sont chargées de dresser pour le
remplacement de leurs auditeurs ? Aussi,
n'est-il peut-être pas de corps plus distin-
gué par ses mœurs , ses talens, ses lumières et la noblesse de ses sentimens ,
que celui des conseillers-auditeurs près les
différentes cours du royaume.

Si, parmi les vertus qui brillent dans
Charles X , il en est une par laquelle il
paraisse plus particulièrement jaloux de
se distinguer, c'est la franchise et la
loyauté. Animé de cet esprit de chevalerie
qui ne transige jamais avec l'honneur et la
vérité, c'est un besoin pour lui d'en suivre les
inspirations dans toutes ses transactions
avec ses sujets. Avec quel empressement
il a juré, comme roi, la Charte qu'il avait
jurée comme prince ! Avec quelle bonne
foi il a supprimé la censure, que sa raison
lui disait être incompatible avec l'ensemble
de nos institutions ! Combien il serait

digne de lui de s'affranchir de toutes les intrigues qui cherchent à l'égarer dans le choix des magistrats! Qui a plus d'intérêt que les cours, à lui présenter des sujets honorables et instruits? N'est-il pas affligeant de voir des charges d'une si haute importance pour la paix des familles et le maintien des lois, des charges qui, pour l'avantage même du prince et de son état, exigent une si parfaite indépendance et une si inébranlable fermeté, n'être, le plus souvent, le prix que d'une complaisance servile pour le ministère, ou n'être accordées, qu'à des intérêts de famille ou de coterie? (1)

Une nécessité non moins urgente, est de faire cesser le scandale des conflits, scandale porté aujourd'hui à un tel excès,

---

(1) Il faut cependant reconnaître hautement la sagesse des derniers choix que le ministère a présentés à Sa Majesté pour la cour royale de Paris. Je ne craindrai pas d'être démenti par mes collègues en disant que les quatre magistrats nommés, eussent été portés les premiers sur la liste de la cour, si elle eût eu le droit de présentation.

qu'il est impossible que les cours elles-
mêmes ne cherchent point, dans la législation existante, quelque moyen d'y porter remède.

L'établissement des conflits, qui serait
encore au besoin une des preuves les
plus éclatantes de l'esprit d'indépendance
dont la magistrature a toujours été ani-
mée, n'a eu d'autre objet, dans le principe, que de soustraire aux tribunaux,
dont on redoutait l'horreur pour la spo-
liation, la connaissance de toutes les questions relatives aux ventes des biens d'é-
migrés.

Mais bientôt l'administration s'est emparée de ce moyen pour arrêter, dans
certaines occasions, le cours de la justice
ordinaire, et elle a su donner à la loi
du 21 fructidor an 3, une interprétation si
étendue, qu'il n'y a pas aujourd'hui de
procès, que le ministère, avec un peu
d'audace, ne puisse faire porter au conseil
d'état.

Il résulte, en effet, de cette loi, que, lorsque, dans une affaire quelconque, le ministère public, soit d'office, soit à la de-

mande d'un préfet, élève le conflit, les tribunaux doivent suspendre le jugement du procès, jusqu'à la décision administrative qui doit intervenir sur le conflit.

Ainsi, quelle que soit la nature de la contestation pendante devant les tribunaux, le gouvernement peut toujours la soustraire, pour le moment du moins, à leur décision, en faisant élever le conflit, à tort ou à raison; et, comme ensuite la question de compétence doit être portée et jugée au conseil d'Etat, sans aucun recours en cassation, et qu'il en est de même de la question du fond, si la question de compétence est décidée en faveur de l'administration; il s'ensuit que le gouvernement est le juge souverain de toutes les affaires dans lesquelles il se trouve intéressé. Je dis le juge souverain, car, malgré l'impartialité que j'aime à reconnaître dans chacun des membres du conseil d'État, il suffit qu'ils soient révocables à la volonté des ministres, pour ne pouvoir être considérés comme constitutionnellement indépendans.

Mais l'administration pousse encore sa

prétention plus loin ; elle a voulu se donner l'avantage de connaître l'opinion des
juges sur l'affaire même qu'elle a l'intention de revendiquer en définitive ; et, au
lieu de s'empresser d'élever le conflit devant les tribunaux de première instance
et avant qu'aucune décision ne soit encore
intervenue, elle s'est établie insensiblement dans l'usage de ne plus l'élever
qu'après le jugement, et quelquefois même
qu'après l'arrêt rendu sur l'appel.

Rien n'est cependant plus contraire à
l'esprit de la loi du 21 fructidor an 3.
L'unique but du législateur ayant été d'é-
tablir, par cette loi, une barrière qui empê-
chât les tribunaux de prendre connaissance
des matières administratives, c'est sans
doute en première instance seulement, et
pour éviter toute décision judiciaire sur la
question, qu'il a entendu qu'on pût élever le conflit ; mais il n'a certainement pas
voulu que cette mesure pût s'appliquer au
cas où, par la négligence de l'administration, l'affaire aurait été vidée par un jugement.

Les cours n'auraient donc jamais dû se

dessaisir, lorsqu'on élève le conflit devant elles, comme elles ont la faiblesse de le faire. Elles devaient considérer la loi du 21 fructidor an 3, comme étant sans application à leur égard, et ne voir, dans les conflits, que de simples exceptions d'incompétence, proposées par le ministère public. Je sais bien que, de cette manière, elles se trouveraient saisies, contre l'intention du législateur, de la décision de la question de compétence ; mais l'administration, frustrée, dans cette circonstance, du droit qui lui appartient en général de statuer sur cette question, n'aurait à s'en prendre qu'à elle-même, de n'avoir pas fait valoir ce droit en temps utile.

Il est, d'ailleurs, une grande considération d'ordre public, qui devrait déterminer les cours à adopter cette jurisprudence : c'est que, dans aucun cas, l'effet d'un jugement ne peut être anéanti que par l'arrêt d'une cour royale, arrêt qui ne peut l'être lui-même que par un arrêt de la cour de cassation. Souffrir qu'il soit porté la moindre atteinte à ce principe, c'est renverser toute l'économie de l'ordre judi-

ciaire et livrer la fortune des citoyens à
la merci des ministres. Lorsque l'administration a consenti, en négligeant d'élever
le conflit, à prendre les tribunaux pour
juges de la question de compétence, on
doit la regarder comme ayant volontairement renoncé au droit qu'elle avait de juger elle-même cette question, et supposer
que, par des considérations puisées dans
son intérêt, elle a préféré s'en rapporter à
la décision de la justice ordinaire.

Si ces considérations si puissantes n'é-
taient pas encore, pour les cours, des motifs décisifs de prendre connaissance elles-
mêmes de la validité des conflits, elles
pourraient, en outre, ainsi que les tribunaux de première instance, exciper d'un
droit nouveau qui leur aurait été attribué
par la Charte, et qui aurait révoqué le privilége établi en faveur de l'administration
par la loi du 21 fructidor an 3.

Ce droit est celui qui résulte de l'article 62 de la Charte, qui déclare que *nul ne
peut être distrait de ses juges naturels*; d'où
dérive, pour les tribunaux, l'obligation nécessaire d'examiner par eux-mêmes si, d'a-

près la nature du procès, il est effectivement
du ressort de l'administration, et si le conflit,
élevé par elle, n'est pas un moyen détourné
pour distraire les parties de leurs juges naturels : c'est-à-dire de ceux à qui appartient légalement la connaissance de la
contestation.

Ainsi, dans l'ancienne comme dans la
nouvelle législation, l'autorité judiciaire
peut trouver un remède contre l'abus in-
tolérable que l'on fait chaque jour des
conflits, avec cette différence cependant,
que, d'après les dispositions des lois an-
térieures à la Charte, elle ne peut examiner la validité des conflits qu'autant qu'ils
n'ont point été élevés en première instance;
et que, d'après les dispositions plus généreuses de la Charte, elle le peut, au contraire, en tout état de cause : en première
instance comme en appel, et au moment
même où le conflit est élevé.

Il faut espérer, au reste, que, pour faire
cesser tous les doutes sur un point aussi
important à l'ordre public et à la fortune
des citoyens, les Chambres prendront le
plus promptement possible cette matière

en considération, ou que les cours royales, revenues à une jurisprudence plus
mâle et plus digne d'elles, mettront elles-
mêmes des bornes à l'audace de l'administration, et s'empresseront d'étouffer ce
germe fécond d'injustices et d'oppressions,
qui, cultivé quelque jour par une administration despotique, pourrait entraîner la
ruine des familles et la violation de toutes
nos lois.

Enfin, le repos de la France, et peut-
être aussi l'intérêt de la religion, exigent
impérieusement que l'on rende aux cours
royales ces anciens *appels comme d'abus*,
qui, boulevards inébranlables, défendaient
nos libertés religieuses contre les infractions de la cour de Rome. Aujourd'hui que
les dogmes du christianisme sont irrévocablement fixés, et qu'il ne s'agit plus que
de faire exécuter les canons dont les décisions constituent la doctrine de l'Église de
France, c'est au roi qu'il appartient principalement de prendre ce soin. La religion
catholique, apostolique et romaine, telle
que nos pères l'ont toujours professée,
ayant été déclarée la religion de l'état, un

des premiers devoirs du roi, et comme chef de l'état et comme chrétien, est de veiller constamment sur elle, comme sur la plus précieuse des propriétés publiques, et d'empêcher qu'il n'y soit porté aucune atteinte. Il doit toujours avoir présent à la pensée ces paroles de Constantin, aux évêques de son empire : « Vous êtes établis par Dieu » pour être, au dedans, les évêques de son » Église ; et je le suis, moi, pour en être » l'évêque au dehors. » (1)

Le prince doit donc toujours tenir la main, par ses officiers, à ce que les évêques, les curés et tous les autres ministres du culte, se conforment exactement aux règles prescrites par les canons, soit dans leurs rapports entre eux, soit dans ceux qu'ils ont avec les fidèles qu'il ne doit pas leur être permis de soumettre, suivant leur caprice ou leur ignorance, à des obligations qui ne leur sont point imposées par l'Église.

---

(1) Vos intra, Ego extra ecclesiam, à Deo Episcopus constitus sum.

C'est déjà bien assez que nos rois aient renoncé au droit qu'ils avaient, sous les deux premières races, et dont ils ont joui, sans contestation, pendant plusieurs siècles, de nommer eux-mêmes les évêques de leur royaume, sans l'intervention de la cour de Rome, et qu'ils aient ainsi ouvert une vaste carrière à toutes ses prétentions ultérieures. Convaincus aujourd'hui, par une bien triste expérience, de l'imprudence de cette première concession, il faut qu'ils redoublent de vigilance et qu'ils se tiennent en garde contre les autres piéges qui seraient tendus à leur piété, par l'ambition des papes.

Or, le roi ne peut trouver de véritable garantie contre les obsessions continuelles de la cour de Rome, que dans ses cours de justice; elles seules peuvent resserrer, dans de justes bornes, son respect filial pour le chef de l'Église. Les magistrats, toujours appuyés sur les mêmes principes qu'ils se transmettent de générations en générations comme des vérités immuables, ne pouvant jamais rien décider qu'en corps, sont, en général, à l'abri des erreurs dans lesquelles la plupart des hommes se laissent entraîner par leurs passions. Affranchis d'ailleurs, par leur position, de toute dépendance du pouvoir, ils restent étrangers aux besoins que le prince s'est souvent créés par son imprudence, et à l'ardeur qui le porte à les satisfaire par des sacrifices. Ainsi, jamais le désir d'une dispense ou d'une annulation de mariage, jamais une nécessité d'argent, ne pourrait leur faire perdre de vue l'avenir de la France, et les engager à accorder à la cour de Rome aucun droit qui porterait atteinte à ce que ses usurpations n'ont pu nous enlever encore de nos anciens priviléges.

Telles sont les principales améliorations dont les ministres devraient s'occuper, s'ils avaient la force de s'élever un instant au-dessus de la crainte de perdre le pouvoir. Mais, au lieu de marcher droit au bien, à travers les cris et les menaces des partis, il cède à l'impulsion du plus fort sans s'inquiéter des malheurs que sa doctrine et ses projets préparent au prince et au pays.

CHAPITRE V.

DES MINISTRES.

Je vais parler des ministres. Dans ce siècle d'égoïsme et de vil intérêt, où l'on ne suppose jamais à personne le pur désir de se rendre utile et de faire connaître la vérité, lorsqu'il paraît un écrit politique, chacun s'informe d'abord de la nature des rapports que l'auteur a pu avoir avec les ministres, pour juger du degré de confiance qu'on doit accorder à ses paroles. Je dirai donc à ces hommes qui s'obstinent à ne voir, dans l'éloge ou dans le blâme, que l'effet de la reconnaissance ou du ressentiment, que je n'ai jamais eu que des relations de simple déférence avec les membres du ministère actuel, et que, loin d'en avoir jamais reçu quelques faveurs, je pourrais peut-être me plaindre, avec raison, de n'en avoir pas toujours obtenu la justice que j'avais droit d'en attendre.

Après cette franche déclaration , je crois qu'il pourra m'être permis, sans être taxé de partialité , de ne pas partager l'espèce d'éloignement général dont ils paraissent être l'objet.

De tous les ministères qui se sont succédé depuis la restauration, le ministère actuel est le seul qui soit le produit pur et sans mélange de notre nouveau système de gouvernement. Tous les autres ont été formés, soit par la volonté du prince, soit, plus souvent encore , par ses craintes ou par sa faiblesse ; celui-ci seul l'a été par l'effet de la puissance constitutionnelle des chambres.

MM. de Villèle, Corbière et Peyronnet avaient-ils pris avec leurs amis quelques engagemens secrets qu'ils ont ensuite refusé d'exécuter ? Que nous importe ? La France n'a point à les juger sur leur conduite privée, mais sur leur conduite politique ; et les actes de leur ministère sont les seuls qui doivent occuper son attention.

Ces actes, résultats d'une politique timide et toujours dominée par la crainte des obstacles, ont attiré sur les ministres la haine de tous les partis, et il n'est pas jusqu'à la congrégation elle-même, qui n'aspire aujourd'hui à le renverser. Voyons si leur administration mérite, en effet, les reproches violens qu'on lui adresse, et si elle décèle, comme on le prétend, une incapacité si évidente, ou des intentions si criminelles contre les libertés publiques.

Parmi les actes qui ont le plus particulièrement signalé le système politique du ministère, il n'en est guère que sept qui soient véritablement l'effet de sa propre détermination; savoir : les deux lois sur la presse des 17 et 25 mars 1822, la loi d'indemnité, les circulaires électorales, la censure, la septennalité, et la trop fameuse création des trois pour cent. Tous les autres, telles que la guerre d'Espagne et la loi sur le sacrilége, leur ont été imposés par un parti, dont ils auraient dû sans doute oser s'affranchir, mais dont on ne peut pas, du moins, leur reprocher d'avoir partagé les emportemens.

Nous allons jeter un coup d'œil rapide sur chacun de ces actes, que la nature et l'étendue de ce petit ouvrage ne nous permettent pas de soumettre à une discussion approfondie. Nous examinerons ensuite quel est le système de politique intérieure que le ministère paraît avoir adopté, et si ce système est, en effet, contraire aux intérêts du pays et à la dignité de la couronne. Commençons par les lois sur la presse.

Pour en juger avec impartialité, il faut se rappeler qu'à l'époque où elles furent présentées, on gémissait, depuis dix-huit mois, sous le joug de la censure, et qu'elles durent être alors considérées comme un bienfait, puisqu'elles rendaient à la presse sa première liberté, et qu'elles se bornaient à établir, dans l'intérêt du gouvernement et de la société, quelques nouveaux moyens à l'aide desquels on pût espérer d'arrêter ou de réprimer les excès de certains écrivains.

Les dispositions les plus importantes de ces lois, et qui, à dire vrai, renfermaient toute la pensée des ministres, étaient celles qui avaient pour objet d'enlever aux jurés, et d'attribuer à l'avenir aux tribunaux, la répression des délits de la presse. Ces dispositions causèrent, dans le temps, les plus

vives alarmes aux partisans de la liberté,
qui ne concevaient pas qu'il pût exister autant d'indépendance dans des juges nommés par la couronne, que dans les jurés.
Sans examiner jusqu'à quel point leurs
inquiétudes pouvaient être fondées, et si
elles ont été vérifiées par l'expérience, il
faut reconnaître du moins que les ministres
ont donné, dans cette circonstance, une
haute preuve de leur loyauté ; car il n'est
personne qui doute, d'après ce qui s'est fait
à l'époque des élections , qu'il ne leur eût
été facile de composer les listes de jurés,
et par suite les jurys de jugement, d'hommes entièrement dévoués à leurs intérêts,
et de livrer ainsi leurs adversaires à une
vengeance certaine.

Je ne parlerai pas de la loi sur l'indemnité accordée aux émigrés. La justice et
la nécessité de cette loi étaient universelle-
ment senties, et l'on peut assurer qu'elle
n'a trouvé nulle part une véritable opposition. Sans doute, il eût été à désirer
que le gouvernement royal pût réparer
tous les désastres de la révolution ; mais,
dans l'impossibilité où il se trouvait à cet

égard , on ne peut lui faire un crime d'avoir fait une distinction entre les malheurs qui avaient eu lieu à cause de la royauté ; et ceux qui n'avaient été que l'effet de la révolution. Il ne s'agit pas d'examiner scrupuleusement les différens motifs qui ont pu déterminer chacun des émigrés à quitter la France, lors des premiers attentats commis contre l'autorité royale. Tous n'ont certainement pas été guidés par des vues pures et désintéressées ; quelques-uns ont été poussés sur le Rhin par un esprit de calcul et de vanité ; d'autres, par la crainte des dangers auxquels ils étaient personnellement exposés ; mais il faut reconnaître que la masse s'est élancée sur les pas des princes, par un vrai dévouement pour l'autorité royale dont elle les considérait comme dépositaires. C'est donc pour leur fidélité au trône , qu'ils ont été proscrits et qu'ils se sont vus dépouillés de leurs biens, à la différence des autres citoyens, qui n'ont été frappés que par l'explosion du volcan révolutionnaire. La couronne, rétablie dans tous ses droits, leur devait donc, avant tous autres,

un dédommagement éclatant de leurs sacrifices ; et elle ne pouvait le leur refuser,
sans manquer à la fois à la reconnaissance et à la justice ; et sans se dégrader
aux yeux des peuples mêmes appelés à
en supporter les charges.

Je ne reviendrai pas non plus sur ce
que j'ai dit à l'égard des élections. Certes,
les menaces de destitution adressées aux
fonctionnaires publics qui ne voteraient
pas pour les candidats ministériels ; les
cartes électorales envoyées à des citoyens
qui ne payaient pas le cens exigé par la
loi, et refusées, sous de vains prétextes,
à de véritables électeurs ; le secret des
votes, violé par l'obligation de les écrire
sous les yeux du président et des secré-
taires ; toutes ces infractions à la liberté
des suffrages, que les cris des intéressés
ont mis hors de toute contestation, ne
peuvent être défendues par personne,
et quelques-unes mêmes étaient de nature à attirer sur leurs auteurs de sévères
châtimens. Mais l'expérience du passé
avait pu donner au ministère une juste
appréhension des forces du parti républi-

cain ; il a pu croire, qu'en présence d'un si grand danger, tous les moyens étaient permis, ou du moins excusables, pour composer une chambre royaliste ; et sa faute est moins peut-être d'avoir tout bravé pour la former, que d'avoir ensuite si mal profité de son dévouement.

Il est moins facile de défendre les ministres sur le rétablissement de la censure. En vain ont-ils cherché à en expliquer la nécessité par l'état alarmant où se trouvait alors la santé du feu roi. Quel indigne Français aurait voulu attrister ses derniers momens par de cruelles récriminations, ou par l'indécente espérance d'un plus heureux avenir? Aussi, personne n'a ajouté foi à une pareille excuse ; et il est, au contraire, resté constant pour tout le monde , que c'était dans leur intérêt seul, que les ministres avaient porté cette grave atteinte à la liberté de la presse.

Il faut avouer encore que le motif apparent sur lequel ils ont appuyé cette odieuse mesure, a été bien malheureusement choisi. Proclamer devant la France entière, que la jurisprudence des cours

avait rendu insuffisans les moyens de répression établis par les lois, c'était s'expo·
ser au reproche, qu'on n'a pas manqué
de leur adresser, de s'attaquer à l'indépendance de la magistrature et de signaler les magistrats comme les complices
de la licence.

Ces reproches n'étaient cependant pas
parfaitement fondés. Si l'ordonnance du 15
août 1824, paraît exprimer, en effet, une
surprise peu respectueuse de l'interprétation que les cours avaient donnée à la
loi du 17 mars 1822, elle ne renferme
cependant aucun blâme positif sur l'usage
que la magistrature avait fait de son autorité. Elle énonce simplement un fait
que les ministres étaient seuls en état
d'apprécier : c'est que la jurisprudence
des cours ayant admis, pour les journaux,
une existence de droit indépendante de
leur existence de fait, il s'en suivait que
les moyens de répression établis par la loi
du 17 mars 1822 étaient devenus tout-à-fait
insuffisans, parce qu'ils n'avaient été cal-
culés que dans la supposition qu'aucun
autre journal que ceux existant *de fait*

au 1er janvier de la même année, n'aurait *le droit* d'être publié sans l'autorisation du roi, et qu'en conséquence, il y avait lieu de chercher de nouveaux moyens de répression qui eussent plus d'efficacité.

Mais en admettant, avec tous les partis, que l'établissement de la censure et surtout l'ordonnance du 15 août, ne soient susceptibles d'aucune justification ; en reconnaissant, avec eux, que la scandaleuse destitution de M. Freteau, ait prouvé jusqu'à la dernière évidence, la haine des ministres contre la liberté de la presse et leur ressentiment contre la Cour royale de Paris ; j'oserai dire encore que l'expérience qu'ils ont faite depuis cette époque de l'action libre de la presse, les a individuellement ramenés à d'autres sentimens ; et que, si la crainte de déplaire à la congrégation les a fait consentir à de nouveaux projets contre la liberté de la presse, ils sont loin de désirer de les voir adoptés par les Chambres, si déjà même ils ne préparent pas en secret les moyens de les faire rejeter.

Jamais ministre, en effet, n'a retiré un

plus grand avantage de la liberté de la presse, que ne l'a fait M. de Villèle. Après le mauvais succés de ses trois pour cent, les dilapidations de Bayonne et tous les désordres qu'il a semés en Espagne à la suite de notre expédition, il était impossible qu'il pût se maintenir à la tête des affaires, si la liberté de la presse, donnant l'essor à tous les ressentimens soulevés contre lui, ne lui eût en même-temps offert l'occasion de déployer, pour sa défense, toute la fertilité et toute la souplesse de son esprit, et de rétablir ainsi sa réputation en France et chez l'étranger. Aussi est-il trop habile pour vouloir fermer une carrière où la fortune l'a si bien servi ; et ce n'est pas aujourd'hui, lorsque tout a été dit contre lui, et que la presse n'a plus de force que contre les jésuites qui l'assiégent lui-même de toutes parts, qu'il ira se priver volontairement de son secours.

Parlerai-je de la septennalité, dont les avantages ne sont déjà presque plus contestés par personne ? Cette loi a dû être sans doute, au moment où elle a été présentée, un juste sujet d'inquiétude, en ce qu'elle renfermait une violation manifeste de l'article 37 de la Charte, laquelle pouvait entraîner, par la suite, des violations vraiment subversives du nouvel ordre de choses. Mais on a généralement senti qu'il serait impossible à un ministère de préparer jamais aucun plan utile, ni de suivre aucun système arrêté, s'il fallait qu'il eût à s'occuper toute l'année du soin de se préparer une Chambre favorable à ses desseins ; et ceux mêmes à qui la faiblesse et la complaisance de la chambre actuelle inspirent le plus d'impatience d'en voir changer la composition, semblent s'être enfin pénétrés de la supériorité du nouveau mode de renouvellement, sur celui qui avait été établi par la Charte.

Il n'en est pas ainsi du projet de loi sur le droit d'aînesse : à entendre les clameurs qui se sont élevées de toutes parts contre ce projet, il semblait que le parti était pris de renverser, de fond en comble, notre nouvel ordre social, et de nous ramener aux lois du quinzième siècle. En vain faisait-on observer que le nouveau mode de succession que l'on voulait introduire, n'était qu'une faible imitation de celui qui existe dans un pays voisin dont on ne cesse de vanter la prospérité, et qu'il était même considéré, dans ce pays, comme la base la plus solide de la liberté publique. Rien ne put triompher, à cet égard, des préjugés que la révolution a inculqués, à son tour, dans l'esprit des peuples ; et l'on s'obstina à ne voir, dans le droit d'aînesse, que le retour à la féodalité.

Il est vrai que la loi n'a pas été présentée sous le point de vue qui, seul peut-être, pouvait lui concilier, sinon la faveur, du moins l'approbation publique.

Je ne fais, pour ma part, aucun doute que la conservation des biens dans les familles, ne soit de l'essence du gouvernement monarchique, et que rien ne soit plus opposé à l'esprit de ce gouvernement, que la subdivision continuelle de la propriété foncière, qui résulte du mode de succession établi par le Code. Je ne doute pas davantage que le droit de succéder, ne dérive du droit politique ; et que l'intérêt de l'état ne soit le seul qu'il faille consulter ans toutes les dispositions des lois relatives

aux successions. Mais toutes ces propositions étaient plus ou moins susceptibles
d'être contestées : on pouvait soutenir que
la monarchie n'avait pas besoin de l'éclat
particulier de quelques maisons opulentes ;
que l'établissement du droit d'aînesse, en
attachant peut-être plus particulièrement
à la royauté l'aîné de chaque famille, pourrait en éloigner les cadets ; que le morcel-
lement de la propriété foncière n'était pas
si considérable qu'on le prétendait ; que les
terres, divisées par les successions, étaient
bientôt reformées par l'industrie ; que
d'ailleurs, cette mobilité des propriétés était
favorable à l'agriculture ; on pouvait enfin
soutenir que le droit égal des enfans à la
succession de leur père, était un droit naturel, auquel le législateur lui-même ne
pouvait porter atteinte, sans blesser le sentiment du juste et de l'injuste, qui est
gravé dans le cœur de tous les hommes.

Les dispositions particulières de la loi
donnaient lieu aussi à de graves objections.
On avait peine à concevoir ce droit d'aînesse d'une nouvelle espèce, portant en
lui, plus qu'aucune autre loi peut-être, le

principe de mobilité qu'il était destiné à combattre ; pouvant naître ou mourir chaque année, renaître ou s'anéantir de nouveau l'année suivante, selon le caprice du père de famille, ou les besoins de l'état. On ne pouvait concevoir surtout, qu'un misérable impôt foncier de trois cents francs, pût rendre sujette au droit d'aînesse une fortune mobilière de plusieurs millions, dans laquelle l'immeuble que cet impôt représentait, était à peine aperçu, et qui, sans cette circonstance, aurait été partagée par portions égales.

Il fallait donc éviter de soulever tant de graves questions et de tomber dans de pareilles inconséquences. Il fallait exposer franchement les vrais besoins de la royauté ; faire voir que, par l'effet des nouvelles institutions, elle repose principalement sur le dévouement des colléges électoraux ; et qu'il était par conséquent d'une nécessité indispensable de créer, aux membres de ces colléges, un intérêt particulier qui les liât étroitement à celui de la monarchie. Il n'aurait point été difficile de démontrer ensuite que, parmi toutes les institutions propres à produire ce résultat, le droit d'aînesse était une de celles qui promettait le succès le plus certain ; et si l'on avait eu soin de ne l'établir que sur les immeubles et d'en affranchir toutes les autres espèces de propriétés, on aurait évité sans doute la grande opposition qu'il a éprouvée.

Toutefois, le sentiment qui a dicté ce projet de loi ne peut être qu'honorable pour le ministère ; et ceux-là mêmes qui l'ont rejeté, soit qu'ils aient pensé que cette institution était injuste dans son principe, ou qu'elle blessait trop vivement les mœurs actuelles et que lés temps n'étaient pas encore assez mûrs pour qu'on en sentît généralement l'utilité, ne peuvent cependant disconvenir que les ministres aient eu de puissantes raisons à faire valoir en sa faveur, et qu'ils n'aient rempli courageusement leur devoir en la présentant aux Chambres.

Arrivons maintenant à la célèbre loi de la création des trois pour cent.

Le fâcheux effet de cette loi, loin de s'être amorti, n'a fait que s'aggraver avec le temps; et , non-seulement ceux qui s'y sont opposés au moment où elle fut présentée, continuent à la regarder, encore aujourd'hui, comme l'unique cause de l'ébranlement du crédit public et de la ruine d'un grand nombre de citoyens; mais ceux mêmes qui accueillaient alors toutes ses espérances et qui vendirent leurs rentes pour entrer dans le fond nouveau, en sont devenus les adversaires les plus violens, par l'effet de l'humeur assez naturelle qu'ils éprouvent, de voir diminuer à la fois et leur revenu et leur capital.

Que l'opération de M. de Villèle soit manquée, c'est une vérité qu'il est aujourd'hui impossible de nier; mais, cette opération était-elle aussi certainement désastreuse qu'on s'est plu à le dire; il me semble qu'on en peut douter. C'était assurément une heureuse idée que celle de fixer, au profit du trésor, la baisse qui était survenue dans l'intérêt de l'argent, et de payer le montant de l'indemnité accordée aux émigrés, sans qu'il en coûtât à la France aucun nouveau sacrifice.

Le droit de remboursement était incontestable : pourquoi M. de Villèle n'aurait-il pas profité de l'avantage que ce remboursement présentait ?

Son tort peut-être est d'avoir montré trop de faiblesse envers les rentiers, et de leur avoir proposé, en dédommagement de la perte que la baisse de l'intérêt devait leur faire subir sur leurs revenus, une augmentation sur leur capital. S'il avait le droit de les rembourser, qu'avait-il besoin de leur offrir des compensations? Il n'avait qu'un mot à leur dire : quatre pour cent, ou votre argent; choisissez... Toute autre proposition ne pouvait que mettre en doute son droit de remboursement et fournir des armes pour le contester.

Je ne suis pas financier; mais il me semble que M. de Villèle, avec le seul secours de la caisse d'amortissement, et sans avoir besoin de recourir à des banquiers étrangers qui trafiquérent de son impatience, aurait pu facilement opérer le remboursement de la dette.

Il ne se serait agi que de proposer à ceux des rentiers qui, dans un délai fixé, auraient consenti à la réduction, de leur

conserver leur intérêt à cinq pour cent,
pendant un certain laps de temps ; puis, de
rembourser les rentes restantes avec les
80 millions de la caisse d'amortissement,
à raison de 4 millions de rentes par an, que
l'on aurait tirées publiquement au sort.

On pouvait même, pour abréger l'opération, faire un emprunt de deux ou trois
cents millions, que les capitalistes se seraient empressés de remplir ; et, en un très-
petit nombre d'années, le remboursement
entier de la dette aurait été effectué.

M. de Villèle a préféré le faire en un an :
que dis-je ! en quelques mois ! et il en est
résulté pour lui un premier désavantage :
celui de se présenter aux Chambres avec
un traité acheté par d'énormes sacrifices.
Il a adopté ensuite un système qui renfermait, pour les hommes mêmes les moins
versés dans les affaires, une de ces gros-
sières contradictions qui deviennent des
points fixes dans les esprits, et qu'il est
presque impossible ensuite d'en effacer. Il
disait aux rentiers : votre intérêt est de con-
vertir, parce que vous gagnerez sur votre
capital bien plus que vous ne perdrez sur

votre revenu ; et il disait à ceux qui défendaient les droits du trésor : l'intérêt de
l'Etat est que l'on convertisse , parce qu'il
profitera de la diminution effective sur les
revenus , et que le capital nouveau dont il
deviendra débiteur, sera seulement un capital fictif, qu'il ne se trouvera jamais dans
la nécessité de rembourser.

Quoi qu'il en soit , et malgré tous les défauts de son plan, je suis encore persuadé
que M. de Villèle aurait réussi , si ses ennemis ne s'étaient réunis pour décrier son
opération, dans la conviction où ils étaient
que la résistance des rentiers entraînerait
infailliblement sa chute. Sans cette cla-
meur générale , les rentiers auraient fini
par sentir qu'il était de leur intérêt d'accepter les propositions de M. de Villèle ,
puisqu'un jour pouvait arriver où ils fussent obligés de consentir purement et simplement au remboursement de leur capital ou à une réduction de leurs rentes sans
augmentation de capital.

Ainsi donc , les actes les plus importans
du ministère , les seuls qui lui appartiennent en propre , ont été , ou généralement

(143)

approuvés au moment qu'ils ont été connus, comme les deux lois sur la presse
et la loi d'indemnité ; ou depuis, reconnus
nécessaires à la prospérité de l'Etat, comme
la loi sur la septennalité ; et enfin, ceux de
ces actes qui ont le plus excité la défaveur
publique, comme les circulaires électorales, le projet de loi sur le droit d'aînesse et
la création du trois pour cent ne peuvent
encore être attribués qu'à des motifs honorables.

Comment se fait-il donc que les ministres, ou du moins les plus influens d'entre
eux, soient repoussés par toutes les opinions ? C'est qu'ils se sont rangés sous le
joug de la congrégation ; c'est qu'ils crai-
gnent d'exécuter les lois du royaume contre
les jésuites ; c'est qu'ils souffrent que l'on
professe, dans les séminaires, des doctrines ultramontaines, et qu'ils n'osent
point exiger des évêques, avant leur nomination, une adhésion formelle aux quatre articles de la déclaration de 1682 ; c'est
qu'enfin, ils tremblent devant les fauteurs
des insoutenables prétentions de la cour de
Rome.

X Que les ministres soient soumis aux ordres de la congrégation , qui pourrait encore le nier ? Ne les a-t-on pas vus opposer d'abord la plus vive résistance à la guerre d'Espagne et au principe de la loi sur le sacrilége ; et cependant ensuite , unir les drapeaux français à ceux du Trapiste, et proposer la peine de mort contre la profanation des vases sacrés ? Ne les a-t-on pas vus suspendre la vente des bois du clergé , quoiqu'elle eût été ordonnée par une loi ? Ne voit-on pas aujourd'hui l'espionnage organisé dans toute la France ; l'hypocrisie devenue une nécessité sociale ; tous les citoyens classés en *bons* et en *mauvais*, suivant l'attachement ou la répugnance qu'ils éprouvent pour la congrégation ; les affiliés de cette nouvelle ligue, régner en souverains dans tous les corps et dans toutes les administrations, dicter arrogamment leurs lois aux colonels comme aux préfets, distribuer tous les emplois, avancer, décorer, pensionner qui leur est dévoué, destituer ou mettre à la retraite qui leur est opposé ? Ne voit-on pas enfin tous les fonctionnaires publics obligés de revêtir les livrées du cloî-

tre ; grimacer sous les faux dehors de la
piété la plus austère, et ne plus oser pa-
raître en public avec cet air de franchise et
de loyauté qui faisait autrefois le charme
des physionomies françaises, et qui est proscrit aujourd'hui comme une espèce d'insulte aux habitudes de la congrégation.

Voilà ce que l'on voit avec une profonde
affliction ; voilà l'indigne France que les
ministres nous ont faite par leur faiblesse ;
et cependant, peut-être ne sont-ils pas encore sans excuse, et peut-être aussi l'espérance d'un meilleur avenir n'est-il pas
entièrement perdu avec eux !

Il est facile, en effet, de s'apercevoir qu'ils
ne sont pas à se repentir d'avoir appelé le
clergé au soutien de leur administration ;
qu'ils sentent la pesanteur du joug qu'ils se
sont imposés, et qu'ils sont résolus de s'en
affranchir. Voyez combien ils se défendent d'accorder au clergé une dotation im-
mobilière, de lui rendre les registres de
l'état civil, de lui donner l'éducation exclusive de la jeunesse ? Voyez leurs tentatives,
timides il est vrai, mais répétées, pour
soumettre à la censure des officiers civils

les lettres pastorales et les mandemens des
évêques ; et pour engager ces derniers à
faire souscrire les quatre articles de la déclaration de 1682 aux professeurs de théo-
logie, et aux directeurs des séminaires.
Voyez leur désapprobation publique de la
lettre du cardinal de Clermont-Tonnerre
et de la conduite du grand-vicaire de Rouen ;
leur séparation éclatante des doctrines de
la congrégation, dans la reconnaissance
d'Haïti, dans celle de la nouvelle constitution du Portugal, et enfin, dans l'envoi de
chargés d'affaires, sous le nom de consuls,
auprès des différentes républiques de l'A-
mérique espagnole. Voyez enfin les ordres
dernièrement donnés à tous les procureurs-
généraux, de faire une profession publique de leur attachement aux libertés de
l'église gallicane ; et, ce qui décèle, plus
que tout autre acte, leur intention arrêtée de se soustraire à l'empire de la congrégation, voyez la nomination de M. Jacqui-
not de Pampelume, à la place de procu-
reur-général près la Cour royale de Paris :
nomination si hautement désirée par tous
les membres de cette Cour.

De son côté, la congrégation, instruite des projets du ministère, ne néglige aucun effort pour le renverser. Déjà maîtresse de la police de Paris, de celle du royaume et des postes, elle veut envahir encore toutes les autres parties de l'administration, et se délivrer d'hommes pusillanimes qui ne veulent pas trancher tous les doutes, et établir solennellement le pouvoir sacerdotal au-dessus de tous les autres pouvoirs de la société, en reconnaissant *le pape pour le suprême défenseur du droit et de la justice sur la terre.*

Il ne reste au ministère, pour se défendre contre un ennemi si audacieux, que la liberté de la presse et l'inébranlable fermeté des cours royales; et, cette presse qui le soutient, ces cours qui lui ont évité déjà la honte d'une chute éclatante, il se voit forcé de les outrager dans tous ses actes publics, et de préparer en ce moment, contre elles, des lois destructives de nos principes de droit les plus positifs et de toutes nos libertés.

Mais comment, se dit-on, le ministère peut-il être réduit à cet état d'abaissement

et d'impuissance? N'a-t-il pas la confiance
du roi? ne doit-il pas espérer l'appui de
tous les bons citoyens, contre la congrégation et les jésuites ? C'est ici qu'il faut expliquer le mystère de sa conduite.

La Chambre des députés se compose de
quatre cent vingt-huit membres, dont qua-
tre-vingts environ appartiennent aux deux
oppositions de droite et de gauche, avec lesquelles tout espoir de rapprochement est
impossible, parce que l'une est le résultat
de l'animosité personnelle la plus violente,
et l'autre, de principes politiques dont quelques-uns sont incompatibles avec la monarchie. Sur les trois cent quarante-huit
membres restans, cent cinquante-cinq
environ appartiennent à la congrégation :
ce qui ne laisse plus guères aux ministres
que cent quatre-vingt-dix à deux cents députés, dégagés de tout intérêt de parti et
disposés à soutenir leur administration.
Ils se voient donc forcés de s'appuyer des
députés congréganistes. Telle est la cause
de tous leurs embarras et de ces contradictions affligeantes que l'on remarque dans
leur conduite. Ainsi, suivant qu'ils par-

viennent, ou non, à détacher quelques-
uns des membres moins audacieux du
parti congréganiste, et à leur faire concevoir l'inopportunité des prétentions élevées
par leurs chefs, ils osent faire face à la
congrégation, ou se voient réduits à subir
sa loi.

Que peuvent faire les ministres dans une
pareille situation ? Se retirer, dira-t-on, ou
dissoudre la Chambre.

Se retirer ? Mais n'est-il pas évident qu'ils
ne pourraient être remplacés que par un
ministère formé par la congrégation, puisqu'il n'y aurait aujourd'hui qu'un ministère
de ce parti qui pourrait réunir la majorité
dans la Chambre des députés ; majorité qui
se composerait des cent cinquante-cinq
députés congréganistes et de la plus grande
partie du centre proprement dit, qui a pour
principe invariable, de toujours soutenir
l'administration existante.

Que deviendrait alors notre malheureux
pays ? Les jésuites seraient rétablis par une
loi ; la liberté de la presse supprimée à
jamais ; la religion catholique déclarée ex-

clusive (1) ; la branche d'Espagne reconnue héritière de la couronne, en cas d'ex-
tinction de la race de Louis XIV, sous la
condition secrète d'établir l'inquisition ;
un cardinal placé à la tête du conseil ; les
Chambres déchues du droit de rejetter
ou d'amender les lois proposées, et ré-
duites à la simple faculté de donner leur
avis et de faire des remontrances ; les bois
de l'état abandonnés au clergé ; le mariage
civil subordonné au mariage religieux, et
livré à la merci des prêtres ; les tribunaux
ecclésiastiques relevés, et appelés à statuer
sur les plus importans des contrats civils ;
les cours et les tribunaux soumis à une
nouvelle institution royale qui permet-
trait d'en exclure tous les magistrats ne
faisant pas partie de la congrégation ; et
la France violemment ramenée, à travers

____

(1) La loi sur le sacrilége, que le clergé a sollicitée avec tant d'ardeur, n'a jamais eu pour objet
véritable de punir un crime dont il n'y a presque
plus d'exemple ; mais uniquement de préparer les
voies à l'interdiction du protestantisme.

les débris de ses lois , de ses arts et de ses
institutions, vers ces temps d'ignorance et
de barbarie qui permettent d'imposer aux
peuples, au nom d'une religion qu'on pro-
fane, le joug le plus absolu.

Qui oserait d'un autre côté répondre des
conséquences d'une dissolution de la Chambre, prononcée en haine de la congrégation?
Dans l'état d'effervescence où se trouvent
les esprits, ne serait-il pas à craindre que,
pour éloigner à jamais tous les dangers de
la théocratie, les électeurs ne se jetassent
dans l'excès contraire, et qu'ils ne choi-
sissent pour députés, des hommes ennemis
de la religion catholique , de tous titres
héréditaires et de tous genres de priviléges?
Qui sait même si le parti républicain, dont
l'influence s'augmente tous les jours par
les exemples de l'Amérique , ne parviendrait pas à se rendre maître des élections ?
Quelle vaste scène de malheurs s'ouvri-
rait alors devant nous!

Le moment où la Chambre doit être re-
nouvelée , s'approche cependant; encore
quelques années, et l'heure critique son-

nera. Quelle mesure le ministère a-t-il prise pour diriger les choix sur des hommes dévoués à la maison de Bourbon? Osera-t-il renouveler le scandale des dernières élections; et, s'il en avait le courage, en aurait-il encore les moyens? Quand ses agens pourront croire que son crédit est ébranlé, lui montreront-ils le même dévouement, et ne craindront-ils point au contraire que ce dévouement ne devienne pour eux une source de disgrâces auprès d'un nouveau pouvoir?

Il est donc temps que le ministère s'occupe de l'avenir qui déjà gronde sur nos têtes, et qu'il sorte de cette route tortueuse où il doit finir par trouver lui-même sa perte. Il faut qu'il tente un grand effort, qu'il s'arme d'un grand courage, et que, les yeux fixés sur l'immortelle image de M. de Serre, il ose, bravant comme lui la fureur des partis et les préjugés de son siècle, achever l'ouvrage qu'il avait si glorieusement entrepris. Les sentimens d'amour pour les Bourbons, qui dominent dans la Chambre actuelle permettent encore d'établir le trône sur la seule base qui puisse désormais lui servir d'appui. Ce qui est facile aujourd'hui sera impossible demain. Il faut se hâter , le temps presse ; des opinions dangereuses se forment et s'affermissent ; bientôt peut-être la voix de la vérité ne trouvera plus personne qui veuille l'écouter.

Je vais profiter de ce dernier moment pour développer les moyens , les seuls moyens que je crois propres à consolider nos institutions. Heureux, si je puis persuader, pendant que l'autorité réside encore entre les mains de citoyens éclairés , dévoués à leur prince et à leur pays , et dont la raison n'a point été fascinée par les illusions d'une égalité chimérique et d'une vaine perfectibilité.

CHAPITRE VI.

DU SYSTÈME ÉLECTORAL.

Tout gouvernement a besoin d'appui, soit contre l'inconstance du peuple, soit contre les entreprises de ses ennemis, et ne peut se soutenir qu'à l'aide d'une force physique qui contraigne ses sujets à obéir, ou d'une force morale qui leur en fasse un devoir.

La force physique consiste dans la possession du pouvoir législatif qui fournit au prince de l'argent, des soldats et des tribunaux ; et la force morale, qui peut, jusqu'à un certain point, dispenser le prince du secours de la force physique, dans l'opinion que les peuples se sont formée de son autorité, et dans la croyance où ils sont, qu'émanant directement de Dieu, elle est la seule qui puisse être légitime.

Aujourd'hui, la force morale échappe entièrement au pouvoir ; les peuples ne

croient plus, et ne peuvent plus être ramenés à croire que Dieu les ait destinés à telle
forme de gouvernement plutôt qu'à telle
autre. Ils pensent au contraire que le gouvernement est fait pour eux, et que ses
rouages doivent être combinés de manière
à produire, suivant leurs mœurs particu-
culières, la plus grande masse de bonheur
possible(1).

---

(1) Cette force morale même, ne serait pas sans
danger pour le pouvoir, en ce que, le même sentiment religieux qui porterait les peuples à voir,
dans le prince, l'instrument de la puissance de
Dieu, les porterait nécessairement aussi à reconnaître le même caractère dans tout autre prince qui
serait parvenu à le renverser du trône et à s'y asseoir à sa place. Le succès leur paraîtrait alors une
manifestation éclatante de la nouvelle volonté de
Dieu; et, légitimant à leurs yeux les droits du vain-
queur, leur ferait considérer le prince déchu,
comme ayant encouru, par ses fautes, la réprobation du ciel.

Sous l'empire d'une pareille croyance, le clergé
ne tarderait pas à revendiquer le droit de décider
exclusivement, comme le véritable interprète de la
volonté divine, quel est le moment où le pouvoir

Les princes ne peuvent donc plus trouver d'appui que dans la force physique, et cette force, que le pouvoir possédait autrefois dans toute sa plénitude, il ne peut plus l'exercer aujourd'hui en France, que concurremment avec la nation, qui, représentée par des députés de son choix, ne veut plus consentir à payer aucun impôt sans en connaître la destination, ni obéir à aucune loi sans en avoir approuvé les dispositions.

Il suit de ce déplacement de la force physique, que la constitution actuelle ne peut être maintenue qu'autant que la représentation nationale sera organisée de manière à être toujours unie avec le prince dans un même esprit, puisqu'il dépend de l'assemblée représentative de retirer au

____

existant cesse d'être voulu par Dieu, et quel est le nouveau pouvoir qu'il a désigné pour remplacer l'ancien. Ainsi, l'autorité du prince se verrait à la merci du premier ambitieux favorisé par la fortune, ou contrainte de ployer devant toutes les exigences du clergé.

prince l'appui de la force physique, sans laquelle il lui serait impossible de soutenir son autorité.

Louis XVIII était trop éclairé pour n'avoir pas senti la nécessité de cette alliance intime ; mais il s'est gravement abusé quand il a cru pourvoir à cette nécessité en se bornant à faire entrer dans la représentation nationale, à l'instar de l'Angleterre , une chambre des pairs héréditaire.

S'arrêtant aux formes extérieures de la constitution anglaise , l'auguste auteur de la Charte n'a peut-être pas recherché avec assez de soin les ressorts secrets qui la faisaient mouvoir.

La constitution d'Angleterre n'a pas été conçue d'un seul jet, comme toutes les chartes établies en Europe dans ces derniers temps. Elle est le résultat de la lutte obstinée des forces respectives du peuple , de l'aristocratie et de la couronne. Pendant cette longue lutte, ces trois puissances ont eu le temps de se connaître et de calculer l'étendue des concessions qu'elles pouvaient se faire mutuellement, pour continuer de subsister, en présence les unes des autres. Si la couronne a consenti à partager avec la nation le pouvoir législatif, c'est parce qu'au moyen des concessions consenties de son côté par le peuple, la représentation nationale s'est trouvée en réalité placée dans l'aristocratie , qui avait un intérêt personnel au maintien du trône. Sans ces dispositions essentielles de la constitution anglaise, qui assuraient à la couronne l'appui de la force physique, le prince eût combattu jusqu'à la dernière extrémité pour conserver le pouvoir législatif ; et, suivant que la fortune se fût déclarée pour le peuple ou pour le trône, l'Angleterre serait devenue une république , ou serait restée une monarchie absolue.

En France, au contraire, la Charte a été établie par un seul et même acte du pouvoir constituant que le prince s'est attribué, à défaut de tout autre corps avec lequel il pût concerter l'établissement de la nouvelle forme du gouvernement ; et, comme le prince n'était pas éclairé par l'expérience, sur le degré de force que

pourraient trouver , dans les nouvelles
mœurs , les différens corps dans lesquels il
plaçait la souveraineté , il n'a pas pu prendre, contre l'action de ces corps, les précau-
tions nécessaires ; aussi qu'en est-il résulté? c'est que la Charte , telle qu'elle est,
nous mène droit à la république.

En effet, le pouvoir électoral qu'il faut
bien reconnaître pour la véritable source
de la souveraineté , s'y trouve placé dans
une classe de citoyens qui ne peut manquer d'être imbue des opinions les plus
hostiles contre toute espèce d'institutions
aristocratiques.

Comment en serait-il autrement? Il
suffit, pour être électeur, de payer 300 fr.
de contributions directes ; c'est-à-dire,
une quotité de 300 fr. d'impôts, calculée à
la fois, sur la valeur des immeubles possédés
par l'électeur , sur celle de sa location et
sur l'étendue de son industrie.

Or, comme sur les cent mille citoyens
environ, qui composent le nombre total
des électeurs, il n'y en a pas tout-à-fait
vingt mille qui paient 1,000 fr. de contributions directes, et que la cote moyenne

des quatre-vingt mille restans, ne s'élève pas au-delà de 4 à 500 fr. , il en résulte que les élections sont entre les mains des petits marchands, ou des petits propriétaires (1).

Peut-on se dissimuler qu'une pareille classe de citoyens ne soit bien plus disposée à renverser qu'à défendre les différens priviléges établis par la Charte. Étrangers, pour la plupart, aux faveurs de la cour

---

(1) Il y a en France 99,590 électeurs et 18,152 éligibles. Il n'y a qu'un département dans lequel le minimum du cens d'admission au grand collége soit entre 14 et 15 cents francs.

Un seul encore, dans lequel il soit entre 13 et 14 cents francs.

4, dans lesquels il soit entre 12 et 13 cents fr.

4, dans lesquels il soit entre 11 et 12 cents fr.

15, dans lesquels il soit entre 1,000 fr. et 11 cents fr.

9, dans lesquels il soit entre 9 cents francs et 1000 francs.

Dans les 46 autres, il se trouve entre 5 et 6 cents fr.; 6 et 7 cents fr.; 7 et 8 cents fr.; 8 et 9 cents fr.

Dans six départemens, il n'y a pas de cens d'admission, parce qu'ils n'ont qu'un seul collége.

ainsi qu'à presque toutes les chances qui pourraient les faire entrer dans la classe privilégiée, quel serait le motif de leur attachement pour les prérogatives de la Chambre des pairs ou de la noblesse, et, j'oserai même le dire, pour celles de la couronne? Le dévouement? En peut-il exister de durable pour un pouvoir qui n'a pas sa source dans le ciel? L'utilité des priviléges? Combien le sentiment de cette utilité ne s'affaiblit-il pas tous les jours par l'exemple de ces gouvernemens simples et modestes qui ne demandent aucuns sacrifices au peuple pour leurs frais de représentation, et qui n'admettent aucun titre que ceux qui appartiennent aux diverses fonctions publiques! Sera-ce enfin le respect pour la noblesse ? Mais elle n'est guère connue en France que par ses prétentions extravagantes et le souvenir de ses anciennes exactions, et les électeurs jouissent d'ailleurs d'une fortune trop indépendante pour qu'il soit facile de les entraîner à la défense d'intérêts qui leur sont étrangers.

Il n'en est point ainsi en Angleterre, où

11

le pouvoir électoral réside dans une classe de citoyens, placés pour la plupart sous l'influence directe des grands propriétaires : influence qui les rend dociles à l'exercice du pouvoir royal , et à laquelle ils se soumettent d'autant plus volontiers, qu'elle est pour eux la source d'un nombre infin de bienfaits, d'une protection active et d'une bienveillance pleine d'égards.

La couronne n'a donc point eu besoin, en Angleterre, de s'attacher par un lien particulier la classe des électeurs ; il lui a suffi de se concilier l'appui de la Chambre des pairs ; tandis qu'en France le trône ne pourra être établi d'une manière solide, que sur l'intérêt bien positif des électeurs à le maintenir et à le défendre.

Il est d'autant plus nécessaire à la couronne de s'unir étroitement à la classe des électeurs , que la Chambre des pairs elle-même , malgré toutes ses prérogatives, ne lui offre point encore un appui capable de la rassurer. Loin d'être assise en effet sur des principes immuables, elle est travaillée par une fièvre intérieure qui consume

toutes ses forces, et paralyse presque entièrement son action constitutionnelle.

Cette Chambre, ainsi que son nom l'in-
dique, ne devrait compter dans son sein
que des magistrats réciproquement pénétrés de la grandeur de leur dignité, et se
considérant comme ayant tous droit aux
mêmes respects.

Mais les membres qui la composent ne
sont rien moins que disposés à entrer dans
ces sentimens ; et les pairs de l'ancien ré-
gime, forcés de voir des collègues dans les
pairs nouvellement nommés, se refusent
à reconnaître en eux des égaux. Sous les
mêmes titres et les mêmes marques d'honneur, ils conservent les mêmes prétentions
de supériorité, et sont d'autant plus portés à les faire valoir qu'ils sentent qu'elles
peuvent leur être plus justement contestées.

Ces prétentions, que le gouvernement
ne fait rien pour adoucir, excitent entre
ces deux classes de pairs une animosité
d'autant plus profonde que les pairs de
la restauration, placés par les anciens à
une si grande distance, ne peuvent éprou-

ver cette conscience de leur infériorité qui justifierait jusqu'à un certain point, à leurs propres yeux, l'orgueil de leurs collègues. Sans doute, en partant du point où ils se trouvaient, pour la plupart, à l'époque de la révolution , leur élévation à la pairie pourrait être considérée comme une de ces faveurs extraordinaires qui ne devraient laisser place en leur cœur à aucun autre sentiment qu'à celui de la reconnaissance. Mais, au jour de la restauration, il n'en était aucun d'eux qui ne fût revêtu des plus hautes dignités, illustré par les plus importans services, et qui , dans un ordre social tout resplendissant de gloire et tout rempli de durée et d'avenir, ne se trouvât l'égal , et quelquefois même le supérieur, des hommes qui s'étonnent aujourd'hui de le voir assis à leurs côtés. Ils 'ne peuvent donc se considérer comme des hommes nouveaux, et en revêtir l'humble contenance ; et , s'ils consentent à accorder aux anciens pairs, les égards que tout homme bien né ne refuse jamais à ceux qui l'ont précédé dans la carrière de la gloire, ce doit être toujours avec la noble assurance

qui convient à l'éclat de leurs propres services.

La Chambre des pairs se trouve donc di-
visée en deux partis d'autant plus animés
l'un contre l'autre que leur irritation prend
sa source moins encore dans les exigeances
de l'intérêt personnel que dans les souffrances de l'orgueil. La conservation de
leurs priviléges constitutionnels n'est rien
à côté de l'ardeur de satisfaire leurs ressentimens; et chacun des deux partis con-
sentirait volontiers à sacrifier ses droits,
l'un, si ce sacrifice devait rétablir les dif-
férences que la révolution a fait disparaître,
et l'autre, si ce même sacrifice devait anéantir à jamais les superbes et inflexibles prétentions de ses adversaires.

C'est ainsi que, par la nature même des
choses, tous ceux d'entre les pairs qui ne
doivent leur élévation qu'à leur mérite personnel, se voient insensiblement entraînés
à chercher leur force dans le peuple, où
seulement ils trouvent la considération et
le respect qu'ils ont droit de réclamer, et
qu'ils se voient entraînés encore à désirer
l'affaiblissement des prérogatives de la cou-

ronne qu'ils supposeront longtemps encore imbue des mêmes préjugés dont ils sont victimes.

Il résulte de ces sentimens divers, dont sont animés les électeurs et une grande partie des membres de la Chambre des pairs, que, non-seulement la couronne n'a pas de garanties suffisantes dans le système électoral actuel, mais qu'elle n'en a même pas dans les priviléges de la Chambre des pairs. Il faut donc, aujourd'hui que l'expérience est venue éclairer le législateur, modifier, dans la Charte, celles de ses dispositions qui ne sont pas en harmonie avec la royauté; et faire ces modifications, c'est se conformer à l'esprit de la Charte; car personne ne niera sans doute qu'elle n'ait été conçue dans la pensée prédominante de conserver et d'affermir le trône.

On n'a le choix qu'entre deux partis : ou changer entièrement la base du système électoral établi par la loi du 5 février 1817, et placer le droit d'élection dans une classe de citoyens plus intimement liés aux intérêts de la monarchie ; ou donner aux

électeurs actuels des avantages assez importans pour qu'ils aient à craindre de les
perdre sous une autre forme de gouvernement. Alors on n'aura plus rien à redouter de l'opposition des colléges électoraux,
et l'on pourra, sans danger, les abandonner à eux-mêmes. Hélas ! l'homme est
ainsi fait : il n'aime et ne défend que ce
qui lui est utile ; les héros seuls se dévouent
pour des intérêts étrangers.

Le premier parti ne serait pas précisément contraire au texte de la Charte, qui
dit bien, il est vrai, article 40, que les
électeurs qui concourent à la nomination
des députés ne peuvent avoir droit de suffrage, à moins qu'ils ne paient une contribution directe de 3oo francs ; mais qui ne
dit pas non plus, comme la loi du 5 février,
que *tous* les Français qui paient cette contribution doivent être appelés à jouir de ce
droit.

Il n'y aurait donc rien d'inconstitutionnel à faire encore une seconde réduction
parmi cette classe de citoyens, et à imposer aux électeurs de nouvelles conditions

propres à garantir d'une manière plus spéciale leur attachement à l'ordre établi.

Mais comme, depuis environ dix ans ,
tous les Français qui paient 300 francs de
contributions directes ont été admis à
concourir à la nomination des députés, et
qu'ils se sont habitués à regarder cette
concession de la couronne, comme une espèce de droit, désormais irrévocable , je
crois qu'il est plus sage et plus digne en
même temps de la loyauté des Bourbons
de choisir le second des deux partis que je
viens d'exposer : celui de s'attacher les
électeurs actuels, par quelque grande prérogative.

Sous ce point de vue, le rejet de la loi
sur le rétablissement du droit d'aînesse, est
vraiment un malheur public. Que, par
l'effet de cette faiblesse de la Chambre des
pairs pour un préjugé révolutionnaire, les
familles se soient vues privées d'un des
élémens les plus féconds d'illustration , et
peut-être aussi de prospérité; que, par
l'effet de la même faiblesse, la couronne
ait perdu l'appui qu'elle aurait nécessairement trouvé dans les grandes influences

territoriales qui seraient sorties du droit
d'aînesse, il faut sans doute s'en affliger ;
mais , ce qui est bien plus funeste , c'est
d'avoir laissé échapper cette heureuse occasion d'incorporer à jamais les électeurs
à la substance même de la monarchie.

Mais, puisqu'enfin la France, du moins
pour le moment, paraît avoir conçu pour
le droit d'aînesse une répugnance invin-
cible, il faut chercher aux électeurs un
autre privilége, qui les rende moins hostiles aux institutions aristocratiques , objet
de leur jalousie, et qui ne peuvent être
renversées sans que le trône ne s'écroule
avec elles. Je vais en proposer un qui,
dans la crise d'égalité qui tourmente aujourd'hui la société , sera trouvé peut-être
exorbitant , mais qui , précisément à
cause de cette crise , doit être employé
préférablement à tout autre.

Il serait solennellement déclaré que les
titres et les droits d'électeur de département et d'électeur d'arrondissement ap-
partiendraient toujours aux citoyens qui les
possèdent aujourd'hui , et seraient trans-

missibles à leurs descendans, de mâle
en mâle, et par ordre de primogéniture;

Que nul désormais ne pourrait être élevé
à la dignité d'électeur héréditaire qu'autant qu'il viendrait à vaquer une place dans
un collége de département ou d'arrondissement, par le décès d'un électeur sans
postérité masculine, et qu'autant qu'il
aurait constitué lui-même, soit un majorat
électoral de département, c'est-à-dire un
majorat payant une contribution *foncière*
égale à la contribution aujourd'hui nécessaire, dans son département, pour faire
partie du grand collège; soit un majorat électoral d'arrondissement, c'est-à-dire, un majorat payant une contribution *foncière* de
trois cents francs;

Que néanmoins les colléges d'arrondissement continueraient d'être composés,
outre les électeurs héréditaires, de tous les
citoyens payant 3oo fr. de contributions
directes, et remplissant les autres conditions exigées par la loi du 5 février 1817;
et que, de même, si le nombre des électeurs héréditaires de département ne s'éle-
vait pas au quart de la totalité des élec-

teurs du département, ce nombre serait complété, conformément à la loi du 29 juin 1820, par ceux des autres électeurs qui seraient les plus imposés.

Pour régler l'ordre des aspirans à la dignité électorale, et pour intéresser aussi au soutien de la monarchie toutes les familles qui viendraient à s'élever par leur industrie, on pourrait autoriser tous les citoyens qui ne seraient point électeurs de département ou d'arrondissement, à former des majorats électoraux sous le titre de *majorats d'expectative*. Ces majorats seraient inscrits à la préfecture du département, à la date de leur fondation ; et, de ce jour, le fondateur aurait droit à la première place vacante dans le collége de son département ou de son arrondissement , suivant la qualité du majorat. Une fois constitués, ils formeraient un tout qui ne pourrait plus être démembré, et auquel l'expectative électorale serait irrévocablement attachée ; mais ils continueraient de rester libres entre les mains du fondateur ou de ses successeurs, qui auraient la faculté de les transmettre, par toutes les voies ordinaires du droit, sans cependant en pouvoir jamais séparer les priviléges en dépendans, qui passeraient, avec l'immeuble, en la possession de l'acquéreur. Ce ne serait qu'après que l'expectative électorale aurait été réalisée, que ces majorats deviendraient inamovibles, et soumis à toutes les conditions imposées aux majorats ordinaires.

Les électeurs héréditaires de département ou d'arrondissement, créés par la loi nouvelle, seraient aussi invités à former le plus promptement possible des majorats électoraux; et, pour leur en inspirer plus fortement le désir, il serait accordé à ceux d'entre eux qui auraient secondé les vues du gouvernement quelques priviléges honorifiques, en qualité d'*électeurs fonciers héréditaires* soit de département ou d'arrondissement.

On pourrait encore profiter de cette circonstance, pour réaliser le vœu si souvent exprimé par les amis de la monarchie, d'accorder des représentations particulières à certains corps, distingués entre les autres par l'importance de leurs fonctions : tels que la Cour de cassation, les Cours royales, les Académies, et les corporations d'avocats. Les députés de ces corps ne pourraient qu'apporter, dans les discussions législatives, une grande expérience des hommes et des affaires, en même temps qu'ils seraient les défenseurs intrépides des droits de la couronne et des libertés publiques. Combien de lois eussent été heureusement amendées! Combien d'autres peut-être eussent été rejetées, si elles eussent été soumises à l'examen d'hommes habitués à les appliquer!

Telles sont les modifications que je propose au système électoral, et que je crois propres à arrêter les progrès des opinions républicaines qui entraînent aujourd'hui l'Europe. Je sais bien que l'on pourra me dire que ces modifications sont contraires aux articles 1, 3 et 71 de la Charte, qui ont semblé proscrire toute espèce de priviléges résultant de distinction de naissance.

Avant de répondre à cette objection, je déclarerai franchement que, si je croyais ces priviléges absolument nécessaires au maintien de la royauté, j'aurais le courage d'en demander le rétablissement ; car enfin, la royauté est la pierre fondamentale de notre édifice constitutionnel, et il n'est pas de sacrifices qui doivent coûter pour l'affermir.

Mais, le privilége que je propose n'a rien qui participe des anciens priviléges de la noblesse. Ce qui rendait ces derniers si justement odieux, c'était moins les avantages qu'ils renfermaient en eux-mêmes que leur attribution exclusive à une classe de citoyens qui s'obstinait à faire une race à part dans la nation, la race des conquérans, et qui ne voulait, à aucun prix, admettre dans son sein aucun homme de la race conquise. Imprudens, qui ne voyaient pas combien il était facile de faire changer les rôles, alors que la force était passée du côté des vaincus !

Le privilége que je propose est, au contraire, un privilége général, ouvert à tous les citoyens, à mesure que leur fortune les mettrait en situation d'y prétendre. Il n'a donc rien d'opposé à l'égalité proclamée par la Charte.

Il faut bien concevoir l'esprit de cette égalité. Il est évident qu'elle ne peut s'entendre que de l'admissibilité de tous les citoyens à tous les emplois civils et militaires. Qu'un citoyen ait l'esprit juste, le cœur droit, des mœurs irréprochables, une connaissance approfondie des lois; qu'il ait du courage, de la fermeté et le talent si rare de subjuguer les esprits et les volontés. Il est juste qu'il puisse prétendre, comme tout autre, à servir son pays dans les rangs de la magistrature ou dans les premiers emplois de l'armée. Mais la loi n'exige d'un électeur aucune condition d'étude ou de capacité; elle ne lui demande qu'une chose : un intérêt clair et positif au maintien de l'ordre établi. Cet intérêt, la Charte ne l'a reconnu ni dans les lumières, ni dans les talens qui permettent d'apprécier et de s'approprier les avantages de ses institutions; elle l'a placé seulement dans une certaine proportion de fortune. Si donc l'expérience a démontré que le cens électoral est insuffisant pour certifier l'attachement des électeurs à la forme actuelle du gouvernement, n'est-ce pas entrer dans l'esprit même de la Charte, que de s'assurer de cet attachement d'une manière moins équivoque?

Les électeurs héréditaires que je propose rempliront évidemment le but que l'auteur de la Charte avait espéré atteindre. Fiers de leurs priviléges, qui les placeront à la tête de la nation , ils offriront à la couronne une garantie active de fidélité, qu'elle chercherait en vain dans le froid amour de la paix publique , qui seul peut influer sur les électeurs actuels. Ces électeurs héréditaires réunis aux électeurs mobiles, c'est-à-dire à ceux qui paieraient le cens déterminé par la Charte, tempéreraient l'ardeur de ces derniers pour le changement , ou y opposeraient du moins une barrière insurmontable.

Mais quoi! dira-t-on encore, accorder un privilége aussi important au hasard d'une position créée aujourd'hui par un caprice passager de la fortune , et qu'un autre caprice pourrait détruire demain ! Constituer une noblesse , et une noblesse privilégiée, d'une foule de petits marchands et de petits propriétaires dont la plupart n'a

rien fait pour le pays que de remplir les devoirs ordinaires de père et d'époux? Sans doute, il vaudrait mieux avoir cent mille citoyens distingués par leurs services, et les gratifier de cette haute récompense! Mais, dans l'impossibilité de faire un pareil choix parmi toute la nation , qu'importe qui soit appelé à jouir du privilége? Le privilége n'est point établi dans l'intérêt de celui qui le reçoit, mais dans l'intérêt de celui qui le donne ; et l'important pour l'état est qu'il tombe en des mains disposées à le faire valoir. Les plus grandes familles ont-elles eu toujours une source plus illustre? et, sans aller chercher toutes celles qui sont sorties des rangs inférieurs de la société , qu'étaient donc ces soldats de Clovis, dans qui nos gentilshommes se plaisent à reconnaître leurs ancêtres? N'y a-t-il donc d'honneur qu'à descendre d'un barbare?

Par ces priviléges , et au moyen de la faculté accordée à chaque famille de former des majorats électoraux, toutes les différentes classes de la société seraient réunies par une grande chaîne qui s'attacherait au trône ; et le prince se trouverait ainsi en rapport avec tous les intérêts et toutes les espérances des citoyens.

A l'égard de la Chambre des pairs, le gouvernement doit s'occuper sérieusement de déraciner les haines cachées et profondes qui l'empêchent d'exercer sur la nation l'influence à laquelle elle est appelée, et qui sont l'effet inévitable de sa composition. Un système d'impartialité constamment suivi, hâterait cet heureux moment. Que le Roi croie à sa puissance, qu'il croie à la grandeur de toute dignité émanée de lui, et qu'il mette son honneur à la faire respecter. Si son cœur et sa justice lui montrent, dans les pairs d'ancienne création, les descendans des héros qui lui ont fait son royaume, ils doivent lui montrer aussi, dans les pairs de la nouvelle création, les héros mêmes qui le lui ont conservé contre les efforts de la plus puissante coalition, et le lui ont remis brillant d'un éclat qui n'eut jamais d'égal. Ces nobles représentans de la plus illustre armée dont le monde ait encore admiré les merveilles, ces savans rédacteurs de nos codes,

n'ont pas moins de droits à l'estime du Roi
que les enfans des braves qui ont empêché
que l'honneur fût perdu, avec tout le reste,
sous les murs de Pavie, et de ces grands
magistrats qui ont rédigé les belles ordonnances du dix-septième siècle. Tous sont,
ou seront également, les grands hommes
de notre histoire, les fondateurs et les sou-
tiens de notre patrie, si grande et si renommée. Tous ont apporté leur fleuron à cette
couronne de gloire qui annonce la France
à tous les peuples de l'univers. Que le Roi
partage entre eux ses faveurs ; et, ce qui
est bien plus doux pour des cœurs français, qu'il les accueille du même sourire.
Que les grandes charges de la couronne,
les places à la cour, le commandement des
armées, les ambassades, et jusqu'à la confiance particulière du prince, leur soient
également accordés. Que le Roi encou-
rage aussi leurs alliances ; que sa bonté des-
cende jusqu'à s'occuper de leurs intérêts
de famille ; et que, frères par la loi de
l'Etat, ils le deviennent encore par les lois
de la nature ; alors, disparaîtront toutes les
haines, toutes les rivalités, toutes les cou-

pables ambitions ; alors , tous les cœurs épanouis ne lutteront plus que de reconnaissance ; et, désormais, dans la Chambre des pairs comme dans celle des députés, on n'entendra plus que l'expression d'un même sentiment : celui d'un amour éternel pour les Bourbons et d'un dévouement immuable à cette Charte que nous leur devons.

FIN.

Ces réflexions étaient écrites avant que le nouveau projet de loi sur la presse eût été communiqué au conseil d'Etat. Sans en connaître les dispositions, je connais depuis long-temps l'esprit qui les a dictées, j'ai cru devoir le révéler au public. L'expérience nous apprendra s'il pouvait inspirer rien de sage à ceux qui en étaient animés.

TABLE DES CHAPITRES.

FIN DE LA TABLE DES CHAPITRES.